羽毛球教学与训练

程千秋　尚长景　主编

苏州大学出版社

图书在版编目(CIP)数据

羽毛球教学与训练／程千秋，尚长景主编．—苏州：苏州大学出版社，2021.12(2022.9重印)
ISBN 978-7-5672-3813-8

Ⅰ.①羽… Ⅱ.①程… ②尚… Ⅲ.①羽毛球运动－高等学校－教材 Ⅳ.①G847

中国版本图书馆 CIP 数据核字(2021)第 267721 号

羽毛球教学与训练

程千秋　尚长景　主编

责任编辑　肖　荣

苏州大学出版社出版发行
(地址：苏州市十梓街 1 号　邮编：215006)
镇江文苑制版印刷有限责任公司印装
(地址：镇江市黄山南路 18 号润州花园 6-1　邮编：212000)

开本 787 mm×1 092 mm　1/16　印张 11　字数 229 千
2021 年 12 月第 1 版　2022 年 9 月第 2 次印刷
ISBN　978-7-5672-3813-8　定价：35.00 元

图书若有印装错误，本社负责调换
苏州大学出版社营销部　电话：0512-67481020
苏州大学出版社网址　http：//www.sudapress.com
苏州大学出版社邮箱　sdcbs@suda.edu.cn

前言

随着我国体育事业的快速发展，参加羽毛球运动的学习者与锻炼人群数量均逐年增加。羽毛球运动项目不仅是我国的优势竞技运动项目之一，而且是群众体育中广泛开展的运动项目之一，还是高校体育课程开设的重要选项内容之一。

为适应高等学校体育课程改革、提高体育教学质量的需要，笔者积极响应"教会、勤练、常赛"号召，紧密结合大学体育改革实际，推进大学体育选项课程教学的配套教材建设，编写了这本《羽毛球教学与训练》教材。本书具有以下特色：首先，力求体现时代性，结合羽毛球运动最新发展动态，把羽毛球最先进的教学训练理论吸纳进教材，并遵从教学训练理论与实践相结合的原则；其次，充分考虑教材内容对培养学生知识、能力、素质和社会适应的目标理念需要，强化教材的实用性、可读性、全面性。本教材主要包括羽毛球运动概况，羽毛球基本技术，羽毛球基本战术，羽毛球技术、战术教学训练方法，羽毛球身体素质及训练，羽毛球运动损伤与预防，羽毛球竞赛与组织等内容。

本教材主要适用于普通高校学生、羽毛球教师和羽毛球爱好者。通过本教材的学习，一方面，可以提高学习者的羽毛球运动技术水平，使其学会羽毛球运动的锻炼方法，增强体质，享受羽毛球运动乐趣，培养终身体育意识；另一方面，可以为参加羽毛球比赛及组织比赛提供指导，推动我国羽毛球运动事业的发展。

在本教材的编写过程中，常熟理工学院卫保卫老师绘制了教材的线条图。另外，本教材的编写还得到了常熟理工学院王庆贤老师和吕彦老师的悉心指导，以及苏州大学出版社周建兰老师的热情帮助，在此表示衷心的感谢。同时，编写过程中参阅了大量的文献资料，谨向相关资料的作者致以诚挚的谢意。

尽管编者做了最大努力，力求准确无误，但由于水平有限，书中难免会有不妥或疏漏之处，恳请广大同仁和读者指正。

编　者

目 录

第一章　羽毛球运动概况 ··· 1

　　第一节　羽毛球运动发展概况 ·· 1
　　第二节　中国羽毛球运动发展概况 ·· 3
　　第三节　羽毛球运动比赛种类 ·· 8
　　第四节　羽毛球运动的教学目的 ··· 11
　　第五节　羽毛球运动的特点与锻炼价值 ·· 12
　　第六节　羽毛球运动的发展趋势 ··· 14

第二章　羽毛球基本技术 ··· 18

　　第一节　羽毛球技术理论体系 ··· 18
　　第二节　握拍技术 ·· 20
　　第三节　发球技术 ·· 21
　　第四节　击球技术 ·· 28
　　第五节　步法技术 ·· 50
　　第六节　影响击球质量的基本因素 ·· 56

第三章　羽毛球基本战术 ··· 62

　　第一节　羽毛球战术基本释义 ··· 62
　　第二节　基本战术 ·· 63
　　第三节　单、双打战术运用 ·· 67
　　第四节　比赛自我控制与调节 ··· 79

第四章　羽毛球技术、战术教学训练方法 ……………………………………… 82

第一节　教学训练基本方法 …………………………………………………… 82
第二节　技术、战术教学训练要求 …………………………………………… 85
第三节　握拍技术教学训练方法 ……………………………………………… 88
第四节　击球技术教学训练方法 ……………………………………………… 92
第五节　步法技术教学训练方法 ……………………………………………… 96
第六节　羽毛球战术训练方法 ………………………………………………… 101

第五章　羽毛球身体素质及训练 …………………………………………………… 108

第一节　身体素质概述 ………………………………………………………… 108
第二节　身体素质训练的基本原则 …………………………………………… 110
第三节　力量素质训练内容与方法 …………………………………………… 113
第四节　速度素质训练内容与方法 …………………………………………… 121
第五节　耐力素质训练内容与方法 …………………………………………… 126
第六节　灵敏素质训练内容与方法 …………………………………………… 130
第七节　柔韧素质训练内容与方法 …………………………………………… 134

第六章　羽毛球运动损伤与预防 …………………………………………………… 137

第一节　羽毛球运动损伤发生原因 …………………………………………… 137
第二节　羽毛球运动损伤特征 ………………………………………………… 139
第三节　羽毛球运动常见损伤症状与处理 …………………………………… 140
第四节　羽毛球运动损伤的预防 ……………………………………………… 144
第五节　运动损伤后的康复治疗与训练 ……………………………………… 146

第七章　羽毛球竞赛与组织 ………………………………………………………… 150

第一节　羽毛球比赛规则 ……………………………………………………… 150
第二节　裁判员工作的基本要求 ……………………………………………… 155
第三节　比赛组织与编排方法 ………………………………………………… 158
第四节　羽毛球竞赛组织程序 ………………………………………………… 163

参考文献 ……………………………………………………………………………… 167

第一章
羽毛球运动概况

第一节 羽毛球运动发展概况

一、羽毛球运动的起源

羽毛球运动的确切起源至今仍是众说纷纭,但"羽毛球运动是由古代的毽子球游戏逐渐演变而来"的观点是人们都认可的。国际羽毛球联合会在其成立五十周年的纪念册上是这样写的:羽毛球运动早在 1934 年前就有着悠久的历史,很多世纪以前,在荷兰和中国就有使用球拍、类似当今羽毛球的体育游戏。

相传原始的羽毛球游戏至少出现在 2 000 年前,有文字记载的是在 14—15 世纪的日本。由于当时的制作技术满足不了人们的需求,这种类似羽毛球的运动渐渐地消失了。大约在 18 世纪,印度的浦那城里出现了一种与早期日本的羽毛球极相像的游戏,它以绒线编织而成,中间插羽毛,人们手持木拍,隔网将球在空中来回对击。

现代羽毛球运动诞生于英国。19 世纪 60 年代,一批退役的英国军官把这种浦那游戏(Poonagame)带回英国,并不断改进,研制出用羽毛、软木做成的球和穿弦的球拍。1873 年,英国公爵鲍费特在格拉斯哥郡伯明顿镇的庄园里宴请宾客,恰逢下雨,客人只好聚在客厅里。当时有位从印度退役的军官,将浦那游戏介绍给大家,并在大厅里活动起来。这项活动由于极富趣味性,因此迅速风行于英国,人们便把此项活动以"Badminton"命名,Badminton(伯明顿)即成为羽毛球的英文名字。1877 年,英国首先制定了羽毛球比赛规则,其中一些内容在今天的羽毛球规则中仍在使用。1893 年,英国成立了世界上最早的羽毛球协会。1899 年,该协会举办了第一届全英羽毛球锦标赛,以后每年 3 月份的最后一周都要在伦敦温布利体育中心进行比赛。

现代羽毛球运动自在英国诞生以后，很快流行开来，并迅速从不列颠诸岛流传到英联邦各国和斯堪的纳维亚半岛，随后又流传到美洲、亚洲、大洋洲各地，最后传到非洲，至今已成为全世界盛行的体育项目。

随着世界上开展这项运动的国家越来越多，1934年，英国、法国、加拿大、丹麦、新西兰、荷兰、爱尔兰、苏格兰、威尔士等国家和地区联合成立了国际羽毛球联合会（以下简称"国际羽联"）。1939年，国际羽联通过了各会员国共同遵守的《羽毛球竞赛规则》。国际羽联的宗旨和原则是：从国际活动的角度来管辖各国羽毛球运动；处理各国组织在交往中的相互关系，解决他们之间的纠纷；负责制定和印发联合会章程、羽毛球竞赛规则和规程，并保证它们在一切全国性及国际性比赛中得到遵守；加强各国组织之间的友谊，采取有力措施，以便在国际范围内发展羽毛球运动。

二、世界羽毛球运动发展概况

20世纪上半叶，羽毛球运动在欧美迅速发展。英国、丹麦、美国、加拿大等国家的羽毛球运动技术水平进步很快。在1947年全英羽毛球锦标赛上，丹麦取得了5个单项中的4项冠军，第二年又囊括了全部5个单项的冠军。美国继1949年全英锦标赛首次夺得男单冠军后，女子又创造了第1、2、3届"尤伯杯"赛的"三连冠"战绩。这一时期，羽毛球技术风格突出的特点是慢和稳，打法多以慢拉、慢吊为主。

20世纪40年代末至50年代初，亚洲羽毛球运动日渐发展。马来西亚率先打破欧美一统天下的局面，他们的技术、战术特点是"以快制慢，以攻为主"，在连续夺得第1、2、3届"汤姆斯杯"赛冠军后，又在1950年的全英锦标赛中一举获得男子单打、双打冠军。国际羽坛开始出现了亚欧选手竞争的局面，而且亚洲后来者居上，势头强劲。

20世纪50年代后期，印度尼西亚羽毛球运动异军突起，他们在广泛吸收欧亚羽毛球强国选手先进技术的基础上，加快了击球的速度和注意对球落点的控制，在稳和准的前提下发展了快速进攻技术，并在第4届"汤姆斯杯"赛中击败马来西亚获得冠军。此后，又连续获得第5、6届"汤姆斯杯"赛冠军，开创了"汤姆斯杯"赛历史上第二个"三连冠"纪录。在1958—1979年的8届"汤姆斯杯"赛中，印尼队共夺得7次冠军。

20世纪60年代中后期，中国羽毛球运动开始走向世界。中国选手在吸收欧亚强国选手先进技术、战术的基础上，着重在基本手法和步法上进行大胆革新，创造出一整套独特的训练方法。在"快、狠、准、活"技术风格和"以我为主、以攻为主、以快为主"战术风格的指导下，在双边比赛中两度击败世界冠军印尼队，战胜北欧劲旅丹麦、瑞典等强队。但由于中国当时没有加入国际羽毛球联合会，不能参加正式的国际比赛，所以这段时期，中国羽毛球运动被誉为世界羽毛球运动的"无冕之王"。

20世纪70—80年代，世界羽坛成为亚洲的时代。1981年，世界羽联和国际羽联合并后，推动了羽毛球运动的发展，亚洲选手占据了世界羽毛球比赛的优势地位，男子以中国、印尼、韩国、马来西亚为龙头，女子以中国、印尼、韩国和日本为首，几乎垄断了"汤姆斯杯"、"尤伯杯"、"苏迪曼杯"、世界锦标赛等世界各种大型比赛中的各项桂冠。亚洲选手在原来快攻打法的基础上，全面提高了控制与反控制的技术能力。世界羽毛球运动技术、战术都进入全面发展时期，比赛中的精彩场面不断，极具观赏性，越来越受到人们的喜爱。1992年，羽毛球运动成为奥运会的比赛项目，并设有男子、女子单打和男子、女子双打4个比赛项目。1996年亚特兰大第26届奥运会，羽毛球比赛增设混合双打项目，使其金牌总数达到5枚，成为奥运会隔网对抗项目中金牌数量最多的一个竞赛项目。

第二节　中国羽毛球运动发展概况

一、现代羽毛球运动传入中国

现代羽毛球运动于20世纪初传入中国，当时主要在上海、广州、天津、厦门等外国租界内和基督教青年会、教会学校中开展。这个时期的羽毛球运动多以娱乐和健身为主，少数俱乐部内也有比赛。20世纪20年代，上海租界曾举办过"莱盾国际羽毛球赛"，上海各国租界内的侨民以各自国家名义组队参赛，盛况空前，被称为"万国羽毛球赛"。这一赛事也许是有史料记载的中国最早期的羽毛球比赛，是由外国侨民在中国土地上举办的现代羽毛球比赛。

20世纪30年代，上海圣约翰大学的部分南洋归国华侨学生最早代表中国参加羽毛球比赛，他们组成了一支羽毛球队，取名"飞梭队"。1936年，飞梭队参加租界的羽毛球乙组联赛获得冠军。飞梭队的两名主力队员梁鸿德和江望松入选"中华队"，参加了上海万国羽毛球赛。1939年，飞梭队第二代队员打进了上海租界羽毛球甲组联赛，分别战胜了法商甲队和乙队、联合教堂队、英人总会队及俄侨联队，夺得团体冠军。洪德全、侯树基两位选手还获得双打冠军。1945年，上海羽毛球协会成立，这是现代羽毛球运动传入中国后最早成立的羽毛球运动组织。1948年，第七届"全运会"上羽毛球被列为表演项目。

二、中国竞技羽毛球运动起步

1949年中华人民共和国成立后，竞技羽毛球运动开始起步。1953年，中国首次举办以行政区划为单位的全国"四项球类"大赛，羽毛球运动被列为正式比赛项目。使用的竞赛规程是上海基督教青年会羽毛球训练班教练司徒桐与学员王中成于1949年10月翻译的《全英羽毛球锦标赛裁判规程》。在这次大赛上，上海选手李国藩、王妙松分别获得男子单打冠、亚军，并合作获得双打亚军。赛后，以上海选手为主组成的中国羽毛球队与来访的印度尼西亚队进行了一场友谊比赛，结果两场比赛客队均获胜。

随后，向印尼等国家学习竞技羽毛球运动技术被提上了日程。1954年6月，王文教、陈福寿、黄世明、施宁安等一批印尼爱国华侨回国定居。1956年12月诞生了中国第一支羽毛球队（福建队）。1957年11月国家体委委派黄世明、施宁安组建上海羽毛球队。这些球队的成立推动了全国竞技羽毛球运动的发展。这批来自印尼的归国华侨为中国羽毛球运动带来了当时最先进的技术、战术训练思想和方法及竞赛手段，成为中国竞技羽毛球运动起步的引路人。

1958年9月，中国羽毛球协会正式成立。在成立大会上，中国羽毛球协会根据世界羽毛球运动发展状况，规划了全国羽毛球竞技运动发展目标，提出了"十年之内打败世界冠军"的口号。

三、中国赢得了国际羽坛"无冕之王"的称誉

20世纪60年代是中国竞技羽毛球运动赶超世界水平的时期。汤仙虎、侯加昌、方凯祥、陈玉娘、梁小牧等又一批印尼华侨归国，带回了一些国际羽毛球最新的技术和战术，为中国向羽毛球强国迈进奠定了基础。

中国竞技羽毛球运动员在学习、继承和创新方面逐渐取得一些成果。在学习借鉴国外先进技术、战术的同时，结合中国选手的身体特点，对基本的技术、战术进行了大胆革新。在步法上，创新了并步和蹬跳步，有效地扩大了选手在场上的移动控制范围，提高了移动速度，形成了一套中国式独特的步法实战训练理论与方法。在手法上，中国选手突破了以往过大且缓慢的手法动作，强调了手法动作在一致性和突变性前提下，做到出手动作小而快、击球点高、爆发力强，逐步形成独特的快速、多变的实战训练方法，确定了"快、狠、准、活"的技术风格和"以我为主、以攻为主、以快为主"的训练指导思想，成为中国羽毛球运动的理论基础。

受当时中国所处国际环境的影响，中国羽毛球协会未能与国际羽毛球联合会建立起正常联系，中国羽毛球队失去了很多参加国际大赛的机会。缺乏国际大赛经验

的中国羽毛球队，主要通过与一些羽毛球强国的互访赛、交流赛、对抗赛等形式增加相互了解和进行技术交流，并且取得一些佳绩。1963年和1964年，中国队曾两次以大比分击败了当年的世界冠军印尼队。1965年，中国队出访欧洲取得了全胜战绩。在访问丹麦的比赛中，汤仙虎在一局比赛中以15∶0战胜了曾6次获得全英锦标赛男单冠军的丹麦名将考普斯。汤仙虎从1963年到1975年期间，在与外国羽毛球选手比赛中保持了全胜战绩。中国羽毛球队赢得了国际羽坛"无冕之王"的称号。这是中国羽毛球运动的第一个"黄金时期"。

四、国际羽坛迎来"中国时代"

随着中国改革开放进程的推进，中国羽毛球运动进入世界体坛，逐步迎来了全面发展时期。1981年5月，国际羽毛球联合会正式接纳中国羽毛球协会为会员。次年5月10—21日，中国男子羽毛球队首次参加了在英国伦敦举行的第12届"汤姆斯杯"赛决赛阶段的比赛。经过10天的激战，中国队打进决赛，与7次夺得"汤姆斯杯"的印尼队争冠。决赛分两天进行，中国羽毛球队首日比赛过于拘谨，未能完全发挥自己的特长，失误也较多，以1∶3的比分暂时落后。经过总结经验，第二天中国队奋力拼搏，连续4场取胜，奇迹般地反败为胜，以5∶3的总比分击败了卫冕的印尼队，夺得了"汤姆斯杯"，首次获得世界男子羽毛球团体冠军。国际羽坛人士称："中国队首次参赛就获得了'汤姆斯杯'，标志着世界羽毛球运动从此进入了一个新的时代。"中国男子羽毛球队随后连续夺得第14、15、16届三届"汤姆斯杯"赛的冠军，首次获得了"汤姆斯杯"赛的"三连冠"，国际羽坛迎来了"中国时代"。

1984年，中国女子羽毛球队首次组队参加"尤伯杯"赛，以快速多变的打法令人耳目一新，均以5∶0的比分击败英格兰队、韩国队、丹麦队、日本队和印尼队，夺得了第10届"尤伯杯"赛冠军，第一次获得世界女子羽毛球团体冠军。中国女子羽毛球队随后又连续4届夺得"尤伯杯"，创造了"尤伯杯"赛设立以来的"五连冠"。

20世纪80年代，中国羽毛球运动实现了全面发展的目标。在竞技领域，形成了以王文教、陈福寿、汤仙虎、侯加昌、陈玉娘、林诗铨等为代表的实力强、经验丰富的教练团队，培养出包括韩健、栾劲、孙志安、姚喜明、陈昌杰、李永波、田秉毅、杨阳、赵剑华、熊国宝、张强、周金灿、陈康、陈红勇等一批男子优秀选手和张爱玲、李玲蔚、韩爱萍、关渭贞、林瑛、吴迪西等女子优秀选手，同时具备了在男女单打、男女双打和混合双打5个单项与世界一流选手抗衡的实力，在国际各项比赛中共获得65项世界冠军。

中国竞技羽毛球运动不断取得优秀成绩，极大地鼓舞了中国民众的爱国热情，

群众性羽毛球活动蓬勃发展，促进了羽毛球管理和培养体制的改革，形成了国家羽毛球队、省市羽毛球队和业余体校三级羽毛球人才培养梯队。

在赛事安排方面，增设了全国青少年羽毛球锦标赛、全国羽毛球比赛、全国羽毛球双打比赛、全国羽毛球团体赛等重大赛事。国家不断加大对竞技和群众羽毛球运动的投入，包括羽毛球运动场所、器材、科研、教育等方面，全国羽毛球运动得到不断发展和提高。

中国在国际羽毛球专业机构组织中开始发挥重要作用。王文教担任了当时国际羽毛球联合会理事、亚洲羽毛球联合会副主席等职，吕圣荣成为当时国际羽毛球联合会的首位女主席，他们都在羽毛球国际组织中发挥了巨大的作用。

中国改革开放的深入和经济实力的增强，推动了中国羽毛球运动的发展。中国选手在国际羽坛的杰出表现，增进了国际社会对中国的了解和认识。中国羽毛球运动员独特的技术、战术，促进了世界羽毛球运动的发展。

五、中国竞技羽毛球运动的调整期

20世纪90年代初，中国竞技羽毛球运动逐步进入调整期。国家羽毛球队教练班子首次新老交替：王文教、陈福寿、汤仙虎、侯加昌、陈玉娘、丘玉芳等相继退出，李永波、田秉毅、李玲蔚、唐学华、李矛、钟波等陆续担任各个项目的教练员。李永波、田秉毅、杨阳、赵剑华、熊国宝等男子选手退役，李玲蔚、韩爱萍、林瑛、吴迪西、钱萍等女子运动员也退役，一批新选手尚未进入最佳运动时期。

国际羽毛球运动整体水平仍在不断提高。在20世纪80年代，欧亚羽毛球强国都把中国羽毛球队作为主要对手，重点加强对中国羽毛球运动员的技术、战术运用和训练方法的研究，并针对中国优秀选手的技术、战术特点，进行大量的对抗性训练。英国、瑞典、丹麦、印度尼西亚、马来西亚、日本、韩国等国家加大投入，吸引中国优秀教练员和运动员到他们国家执教和打球。欧亚羽毛球强国之间的人才和技术交流也在加强。从整体来看，欧洲羽毛球选手在保持身高和体能优势的同时，逐步借鉴亚洲运动员手法细腻多变、步法快速灵活和意志顽强等特点；亚洲羽毛球选手的身高和体能也在逐步提高。世界竞技羽毛球运动再次出现欧亚并进的格局。

20世纪七八十年代，世界羽毛球整体水平大幅提高，加之先进科技、传媒手段广泛运用，羽毛球运动被更多国家和民众接受，最终于1992年成为夏季奥运会正式比赛项目，设置了除混合双打外的4个项目的金牌，1996年混合双打也成为正式比赛项目。越来越多的国家据此将羽毛球运动列入本国奥运战略，加强人力、物力和财力投入。羽毛球场地、球拍、球弦、服装和鞋袜等材料革新速度加快。这些都推动了国际羽毛球运动水平的全面提高。

受各种因素的影响和冲击，中国竞技羽毛球运动水平提高幅度较之前显缓，在国际羽毛球主要比赛中成绩较之前下降。1992年，在巴塞罗那奥运会羽毛球比赛中，除关渭贞、农群华获得女子双打银牌外，中国选手在其余3个单项比赛中均未能进入决赛。中国竞技羽毛球运动进入全面调整期。

六、中国羽毛球运动的逐步恢复与崛起

随着中国改革开放的不断深入和经济实力的持续增强，包括国民身体素质和体育运动水平在内的国家综合实力上升势头迅猛，中国国际地位日益提高，中央和地方各级政府高度重视竞技体育和全民健身，加强了管理，加大了投入，中国运动员在国际体坛不断取得优异成绩，中国竞技体育整体水平向世界强国行列迈进，这些成绩的取得进一步激发了大众关心竞技体育、参与体育活动的热情。中国逐步形成了经济发展推动全民体育素质和运动水平提高、体育运动发展又促进社会进步和经济增长这一良性互动与循环局面，中国羽毛球运动再次进入一个全新发展阶段。

从20世纪90年代中期开始，中国羽毛球运动在管理体制、人才培养与选拔、训练方法与赛制管理、奖罚制度等方面的调整和改革逐步取得成果。国家队、省市队、业余体校等各梯队教练员的知识结构更趋合理，专业化与年轻化程度更高，管理方法和训练手段更科学。一批又一批年轻羽毛球选手进入各级专业队，并大胆采用科学和先进的训练手段。社会大众对羽毛球运动的参与和支持、新闻媒体对羽毛球比赛的关注等均达到前所未有的程度。

1995年，中国羽毛球队夺得第4届世界男女羽毛球混合团体赛"苏迪曼杯"冠军。1996年在美国亚特兰大奥运会羽毛球比赛中，中国女子双打选手葛菲和顾俊获得了冠军，实现了中国羽毛球在奥运会上金牌"零"的突破，标志着中国竞技羽毛球运动全面恢复和发展。

进入21世纪，中国羽毛球运动在2000年澳大利亚悉尼奥运会上获得男子单打、女子单打、女子双打和混合双打4枚金牌。2004年，中国羽毛球队全方位出击，取得多项好成绩：中国男子羽毛球队12年后重新夺回"汤姆斯杯"，中国女子羽毛球队连续4届保持"尤伯杯"，他们再接再厉，于2004年在第28届希腊雅典奥运会上获得了除男子单打、双打以外的3项冠军。中国重返世界羽毛球强国行列，并在举世瞩目的2008年第29届北京奥运会上夺取了除男子双打和混合双打以外的3项冠军。2012年8月5日，伦敦奥运会羽毛球男子双打决赛，中国"风云组合"蔡赟/傅海峰夺冠，至此中国队包揽本届奥运会全部5枚羽毛球金牌。在2016年第31届里约奥运会上获得男单、男双两枚金牌。在第32届日本奥运会上，中国羽毛球队5个单项全部进入决赛，混双包揽冠亚军，以2金4银收官。

第三节 羽毛球运动比赛种类

一、世界羽毛球大赛

(一)"汤姆斯杯"羽毛球赛

"汤姆斯杯"羽毛球赛是世界上水平最高的男子羽毛球团体赛,即世界男子羽毛球团体锦标赛,由原国际羽联创办于1948年,每两年举办一次。1934年国际羽联成立时,英国人乔治·汤姆斯(George Thomas)被选为主席。5年后,汤姆斯在国际羽联会议上提出,组织世界性男子团体比赛的时机已成熟,并表示将为这一比赛捐赠一个奖杯,称为"汤姆斯杯"。

(二)"尤伯杯"羽毛球赛

"尤伯杯"羽毛球赛是世界上水平最高的女子羽毛球团体赛,即世界女子羽毛球团体锦标赛,由国际羽联创办于1956年,每两年举办一次。

(三)"苏迪曼杯"羽毛球赛

"苏迪曼杯"羽毛球赛又称世界羽毛球混合团体锦标赛,于1989年开始举办,两年一届,在奇数年举办。"苏迪曼杯"是代表羽毛球整体水平的最重要的世界大赛,与"汤姆斯杯"和"尤伯杯"同为国际羽联主办的三大羽毛球团体赛事。

(四)世界羽毛球锦标赛

世界羽毛球锦标赛是国际羽毛球联合会主办的世界最高水平的羽毛球单项锦标赛。于1977年开始举办,1983年以前每三年举办一次。从1985年起,该项赛事改为两年举办一次。从2006年起,锦标赛成为一年一次的赛事,但每到奥运会举办的年份,锦标赛不举办,以便为奥运会羽毛球比赛让路。

(五)世界杯羽毛球赛

世界杯羽毛球赛是重要的国际性赛事,从1981年开始已连续举办了17届,1997年因多种原因而中断,2005年世界杯羽毛球赛再次恢复。按照国际惯例,世界杯羽毛球赛将邀请世界排名男单前十六名、女单前十二名、男双前八名、女双和混双前六名的选手参赛。

（六）奥林匹克运动会羽毛球比赛

奥林匹克运动会羽毛球比赛在1988年汉城奥运会上首度成为奥运会表演项目，并在1992年巴塞罗那奥运会上成为正式比赛项目，但当时并没有混合双打的赛事，1996年亚特兰大奥运会上才开始增加混合双打项目。

二、我国羽毛球主要比赛

（一）全国羽毛球锦标赛

全国羽毛球锦标赛由中国羽毛球协会主办，分团体赛和单项赛。根据上一届全国锦标赛男、女团体赛成绩，团体赛分为甲、乙组，甲组是上一届成绩排名前12名的队伍，乙组是上一届成绩排名在12名后的队伍。男子团体赛甲组每个队有4人专打双打，不得兼项。其他选手可以兼项，但在一次团体赛中只能打一项。女子团体赛一名队员在一场团体比赛中最多打一场单打和一场双打，不能连场。单项赛五个单项（男单、女单、男双、女双、混双）均进行单淘汰赛决出冠、亚军，五个单项除半决赛和决赛阶段外的所有比赛，均采取5局3胜，11分每球得分制，14平后，先得15分的一方胜该局。半决赛和决赛阶段所有比赛，均采取7局4胜，11分每球得分制，14平后，先得15分的一方胜该局。

（二）全国羽毛球冠军赛

全国羽毛球冠军赛由中国羽毛球协会主办，有男单、女单、男双、女双、混双比赛项目，比赛采用"预赛+正赛"模式。5个单项所有参赛选手根据中国羽协公布的各单项最新积分排名进行排序。前八位（对）选手成为前八号种子，直接进入正赛，其余选手与中国羽毛球协会主办的全民健身赛事（全国东西南北中羽毛球大赛A、B组）各单项冠军参加预赛争夺，预赛前八名（对）选手与赛事前八号种子组成正赛16个席位。

（三）全国青年羽毛球锦标赛

全国青年羽毛球锦标赛是我国最高级别的青年羽毛球赛事，每年举办一次，是国家青年队、国家队考察、选拔队员的重要标准和依据。该赛事由中国羽毛球协会主办，分甲组（18岁）和乙组（16岁、17岁），有男子团体、女子团体、男子单打、女子单打、男子双打、女子双打、混合双打7个比赛项目。

（四）全运会羽毛球比赛

全运会一般是中华人民共和国全国运动会，简称"全运会"。全国运动会是中国国内水平最高、规模最大的综合性运动会。全运会的比赛项目除武术外基本与奥运会相同，其原意是为国家的奥运战略锻炼新人、选拔人才。全运会每四年举办一次，一般在奥运会年前后举行。全运会羽毛球比赛即为其中的比赛项目。

三、羽毛球主要协会

（一）羽毛球世界联合会（BWF）

羽毛球世界联合会是一个国际性羽毛球运动的管理组织，成立于1934年，总部设在马来西亚吉隆坡，现有163个正式会员协会。1934年通过第一部章程，国际羽毛球联合会正式成立。1981年5月，国际羽毛球联合会与1978年成立的世界羽毛球联合会合并，并维持原有名称。2006年9月24日，国际羽毛球联合会正式改名为羽毛球世界联合会。新联合会第一项举措是在2007年创办12站羽毛球超级系列赛，而且赛季末将举办超级系列赛的总决赛。

（二）亚洲羽毛球联合会

亚洲羽毛球联合会于1959年在马来西亚成立，现有会员协会21个，总部设在新加坡。中国羽毛球协会于1974年加入亚洲羽联。亚洲羽联的比赛活动有亚洲羽毛球锦标赛、亚洲羽毛球邀请赛。

（三）中国羽毛球协会

中国羽毛球协会简称"中国羽协"，于1958年9月11日在武汉成立。中国羽协是由全国各省级羽毛球协会及其他各级羽毛球协会（组织）自愿结成的全国性、行业性、非营利性社会组织，是具有独立法人资格的社会团体，是代表中国参加相应的国际羽毛球活动及羽毛球世界联合会、亚洲羽毛球联合会的唯一合法组织，是中华全国体育总会和中国奥林匹克委员会的会员，接受业务主管单位国家体育总局和社团登记管理机关民政部的业务指导与监督管理。

第四节 羽毛球运动的教学目的

羽毛球运动的教学目的是系统介绍羽毛球运动的发展历程、基本概念、基本技术、战术、体能素质、心理品质、竞赛规则、裁判方法和运动常识;指导学生正确理解羽毛球运动的规律,帮助学生逐步掌握羽毛球运动的主要技术和战术;培养学生对羽毛球运动的爱好和兴趣,为开展和普及羽毛球运动培养专门的技术人才。

第一,体育运动所传播和宣扬的奥林匹克精神、原则和体育道德,如竞争、协作、团结、谦虚、诚实、公正、友谊,是社会不可缺少的规范和品质,具有广泛的教育意义。羽毛球运动可以教育人热爱祖国,热爱体育事业,能培养良好的体育道德作风、顽强的意志品质和进取精神,促进正确的世界观和人生观的形成,有助于培养德、智、体、美、劳全面发展的高素质人才。

第二,通过羽毛球运动特有的手段,培养和发展综合素质,培养知难而进、顽强拼搏、敢想敢干的现代竞争意识。羽毛球运动是一项值得倾注毕生精力的事业。在探索此项运动规律的实践中,掌握技术,克服困难,提高主观能动性,加深对此项运动的理解,从而热爱这项运动。通过学习与训练,在有挑战、有压力的环境中,挖掘和证实自我潜能,增强自信心。

第三,结合羽毛球运动的专项特点,了解羽毛球运动的起源、发展进程及其文化背景,系统掌握此项运动的特点和知识结构体系,掌握教学和训练原则、基本技术和战术方法与原理,掌握羽毛球运动的竞赛组织、规则及裁判方法等基本理论知识。

第四,系统介绍羽毛球运动的基本技术、战术,强化基本技术、战术的概念和要领,巩固正确姿势,纠正不良或错误动作,形成良好的技术、战术规范,培养和提高技术、战术意识与应变能力,以适应羽毛球运动的需要。

第五,促进身体机能全面发展,提高内脏器官的功能,增强体质,以满足学习和工作的需要。在此基础上,努力发展羽毛球运动所需要的专项素质和能力,为技术水平的提高打下坚实基础,奠定适应羽毛球比赛激烈对抗的基础。

第六,掌握运动心理和生理知识,学习科学的锻炼方法,提高自我控制能力,培养创新能力和组织能力。

第五节 羽毛球运动的特点与锻炼价值

一、主要特点

（一）不确定性

羽毛球多变和不确定的运动特点，要求选手具有在场上全方位出击的能力。选手必须在极短的时间里，运用交叉步、垫步、跨步、蹬跨步、蹬跳步、起跳等各种步法迅速向来球方向移动到适当位置，并以发球、前场、中场和后场等手法技术将球击向对方场区。羽毛球运动的这种不确定性，决定了速度力量和速度耐力素质是这项运动的基础。

（二）快速爆发力量

从羽毛球选手在场上的动作来看，选手的上肢运动是通过手臂肌肉运动产生爆发力，并挥动羽毛球拍将球击出；下肢在下肢肌肉力量的作用下，快速移动，使人体在短时间内到达合适的位置，协调上肢完成击球动作。因此，羽毛球选手需要的力量素质必须与速度素质紧密结合在一起，它是一种动力性的速度力量，即爆发力。这种力量素质要求在短时间内产生强大的爆发性力量。下肢爆发性的起动蹬力，会加快身体的移动速度；上肢爆发性的手指与腕部力量，能使击球动作更加有力。

（三）快速反应能力

运动中动作转换的快慢，对来球的判断是否准确，都会直接影响对抗中的主动权。每一项技术、战术的运用与实施，都离不开选手的判断快、反应快、起动快、移动快、蹬跳快、击球动作快和回动快，既要在变幻莫测的瞬间判断来球的方向，迅速向来球方向移动并击球，又要根据对手的位置迅速确定回击的路线对策。因此，羽毛球选手只有具备了这种快速灵敏的素质和思维决断能力，才能在高速度的激烈竞争中立于不败之地。

（四）全方位运动

羽毛球属于轻巧型球类运动，具有全方位运动的特点。两个拍子一个球，无论走到哪里，无论是在室内还是在室外，不管是否架网，只要有空地，就能进行羽毛球运动。场地方便，器材简单，老少皆宜，充满乐趣，是羽毛球特有的风格。羽毛球运动既是集技巧性、智能性和对抗性于一体的竞技比赛项目，又是强身健体、趣味性强、普及面广的大众体育运动项目。任何人都可根据自己的年龄和身体状况，选择适量的运动强度。羽毛球运动可满足不同年龄、不同训练层次爱好者的需求。

二、锻炼价值

羽毛球运动之所以受到人们的喜爱，是因为它具有很高的锻炼价值。它老少皆宜，可以自娱自乐；能全面地锻炼身体，增强体质，培养顽强的毅力和良好的道德风尚；其优美的运动形式，极具观赏价值。

（一）培养乐趣

在羽毛球运动中，人们通过球拍的挥动，击球过有一定高度的球网，击球时多回合、多落点和对击球力度、速度的控制，充分展示击球者的灵活、机智、潇洒，并能激发其浓厚的兴趣。人们用自己美妙的身体语言，尽情地表现自我，达到自娱自乐的目的。

（二）增强体质

羽毛球运动可以全面增强人的体质。前场、后场的快速移动，中场的起跳扣杀、跨步救球，网前的轻吊，双打时的配合换位，等等，都需要击球者有较好的力量、速度、灵敏性和柔韧性等素质。熟悉和掌握各种技术的过程，就是提高身体素质的过程。经常从事此项运动，可以发展人体的灵活性、协调性，提高人的上下肢及躯干的活动能力，改善呼吸系统和心血管系统的功能。

（三）锻炼意志

羽毛球运动有助于培养竞争意识和进取精神。公平竞争能促进社会进步与发展，竞争精神是现代人的重要素质。羽毛球运动特有的对抗性和强负荷，有助于培养人们充满自信、不怕困难、顽强拼搏、积极进取的品质。

（四）锻炼心理素质

在羽毛球运动中，不仅要进攻与防守，还要控制与反控制，不仅要斗勇，更要斗智，这对个人的心理素质是一种锤炼和考验。尤其在比赛中，需要猜测对手的战术意图，捕捉各种战机，根据对手的特点，运用战术克敌制胜。因此，经常进行羽毛球运动，可使人思维敏捷、机智灵活、沉着果断，使人的智力、勇气在竞争中得到磨炼。

（五）陶冶情操

羽毛球运动能增添生活情趣。参与羽毛球运动能够保持优美潇洒的姿态和朝气蓬勃的精神状态。无论是参加羽毛球运动，还是观看羽毛球比赛，都能从中体会到灵动的变化之美，感受到这项运动的魅力。羽毛球运动就是一个发现美和创造美的过程，参与其中，乐趣无穷。

第六节　羽毛球运动的发展趋势

羽毛球运动是世界上开展广泛、竞赛频繁的体育运动项目之一。自1992年羽毛球成为奥运会正式比赛项目后，更进一步引起了世界各国的重视。随着世界羽毛球运动的蓬勃发展，近年来，国际上羽毛球运动的商业化、职业化、专项化的程度越来越高，各羽毛球项目技术强国之间的竞争更加激烈，对羽毛球运动的科研投入进一步加大。21分赛制的实施促进了教学训练的理念更新，从而促使世界羽毛球运动的技术和战术朝着更加快速、全面、特长突出的方向发展。

一、羽毛球运动的制胜规律

羽毛球运动制胜的核心是"快"，其内涵是：尽可能争抢更高、更前的击球点，增加对手回击的难度。"狠、准、活"是"快"的具体表现，是分别体现在体能、技术和战术三个方面的制胜要素，它们以"快"为统一点，"狠""准"是基础层次的"快"的表达，"活"是高级层次的"快"的表达，对"狠""准"起支配作用。三者在综合形成"快"的过程中，表现出总和律、突前律和更迭律。总和律是指羽毛球运动员"快"的竞技能力，是由"狠、准、活"三个水平综合而成的；突前律是指各水平的影响因素在不同的发展阶段，对"快"的影响并不是齐头并进的，而是呈现单因素突前、多因素跟进的变化特点；更迭律是指这种突前现象存在周期性的交替更迭规律。

二、现代羽毛球运动的竞技特征

现代羽毛球运动的竞技特征集中体现在"快速、全面、突出特长"三个方面。

（一）快速

"快速"是羽毛球运动的核心。中国队早在20世纪60年代就已认识到它的突出意义，并以"快、狠、准、活"的指导思想首创快攻打法并风靡全球。如今，"快"已经被全世界接纳，并表现出越来越快的趋势。羽毛球离开了"快"就体现不出高水平。竞技体育的本质就是取胜，而羽毛球取胜的关键在于打破平衡，只有"快"，才能抢到时间和落点，打出时间差，破坏对手的平衡，从而创造主动得分机会。但是又不能一味求快，一方面，不能为快而快，勉强求"快"，欲速则不达；另一方面，一成不变的速度容易被人适应，就表现不出应有的战术效果，所以又要变速。羽毛球速度有绝对和相对之分。

1. 绝对速度

绝对速度是"快"的基本表现形式，在羽毛球运动项目中，是指运动员在不受外界条件的影响下，在场上自身所能达到的相关速度能力。它主要有以下表现形式：

（1）判断、反应速度。

其主要包括对对方运动员击球动作和来球速度、弧度、落点做出反应的最小单位时间。

（2）移动速度。

其包括起动、移动、制动、回动等动作方面所需要的最小单位时间。

（3）击球动作速度。

其包括身体完成击球动作的速度、击球后身体重心和姿势的恢复与调整的速度、挥拍的速度、出手与变换动作的速度。

在羽毛球比赛中，运动员在场上的移动和击球方式是人体在不断地克服惯性而做加速度运动。因此，羽毛球项目运动员的专项力量是衡量运动员训练水平高低的一项重要指标。专项力量的优劣，主要体现在上下肢和躯干在短时间内快速多次的爆发力，以及在60分钟左右的一场比赛中，当每一分球的快速运动结束后，经过10~20秒的短暂间隙后，能迅速恢复和保持这种快速力量的运动能力。所以，快速力量素质对运动员场上自身速度的影响起到关键作用。而有氧代谢和糖酵解供能能力是运动员保持自身速度水平的保障。

2. 相对速度

以非地面参照系为参照物所测量的速度，称为相对速度。在羽毛球比赛中，相对速度指在场上来回对击过程中，双方运动员为限制对方绝对速度的发挥，争夺有效击球点、还击来球所反映出来的速度对比。其表现形式主要体现在双方来回对击中，在击球有效时间的比较上谁能占有更大的优势，以限制对方的技术运用和绝对速度的发挥，让自身获得更有利和更从容的击球机会。其主要有以下表现形式：

（1）延缓和破坏对方运动员判断与反应的速度。

其主要表现为击球动作的一致性，击球出手瞬间动作的隐蔽性、突然性，假动作，等等。

（2）破坏对方运动员的比赛节奏与连贯性，限制其下一拍采用有利于自身速度发挥的技术方法。

实战中，其主要表现形式有击球出手瞬间变化挥拍的速度，突然改变常规球路的回球落点与弧度，有针对性地破坏对方的习惯性或擅长的球路，等等。

（3）利用球网，给对手制造还击的难度，限制对手进攻型技术的运用与威胁。

就球网和场地的比例而言，羽毛球项目要高于乒乓球、网球项目。所以，实战中击球点如落在近网低手位，球网对运动员击球就会造成很大的障碍。换言之，在羽毛球实战中，谁能迫使对手更多地在近网低手位击球，或迫使对手为防止这种现象的发生而必须将注意力更多地集中在对网前的防守时，那他就容易限制对方进攻性技术的运用和速度的发挥，从而在相对速度上获得明显的优势。其表现形式主要有以下几个方面：

① 抢点搓、放、勾对角后封压，逼对方近网下手位被动起高球后获得有利的中、后场主动进攻的击球机会。

② 网前抢高点准备搓、放近网球，逼迫对手重心或注意力前移后将球平推压对方的两条底线，迫使对手只能在后场低手还击，从而获得相对速度的优势和有利的进攻机会。

③ 利用高质量的近网吊球，造成对手在低手位被动接吊球，同时为避免对方抢网推压或封杀，从而被动起高球后伺机突击。

（二）全面

"全面"是羽毛球运动员的实力基础，是当今高水平运动员的共同特征。它包括技术、战术、体能及心理素质等诸多方面的因素。从技能来讲，要求全面掌握各种进攻技术、防守技术和过渡球技术，全面掌握蹬、跨、跳、垫、并等步法，并具有在不同情况下调整步法，以及和手上动作协调配合的能力，能攻善守，有较强的控制与反控制能力。对战术来讲，包括战术手段多样化、较强的临场应变能力和能用多种打法来对付不同的选手。羽毛球比赛是技术和体能的综合较量。随着越来越频繁的世界性交流、先进的通信设施和普遍的专业化训练，训练时间、内容和技术上的差异正在日益缩小，比赛趋向于真正全面的实力较量，因而无论是技术、体能、心理还是其中任何细节的缺陷，都可能导致失败。"全面"代表了高水平发展的一种趋势。

（三）突出特长

"特长"是羽毛球运动员高水平的象征。由于羽毛球攻防技术的全面提高，更显示出运动员"特长"的重要性。特长是在技术全面的基础上形成的，是运动员在比赛中取得主动或得分的主要手段，离开了特长，高水平就无从体现。当然"特长"不仅仅局限于进攻，它有广泛的内容，可以是进攻技术，也可以是防守技术；可以是网前技术，也可以是后场技术；可以是技能，也可以是体能，甚至是心理素质。

综上所述，现代羽毛球运动竞技特征可以归结为"快速、全面、突出特长"这三个方面，其中"全面"是基础，"快速"是核心，"特长"是标志。

第二章 羽毛球基本技术

第一节 羽毛球技术理论体系

羽毛球运动的技术种类繁多，分类方法也很多，按动作结构可分为手法技术和步法技术，按动作功能可分为握拍技术、发球技术、击球技术、步法技术，按位置可分为前场技术、中场技术、后场技术。各技术动作有机地相互组合，构成完整的羽毛球运动的技术体系（图2-1）。

以不同的击球技术方法和球的飞行形式变化，根据不同的原则和角度，羽毛球运动可分为以下技术术语。

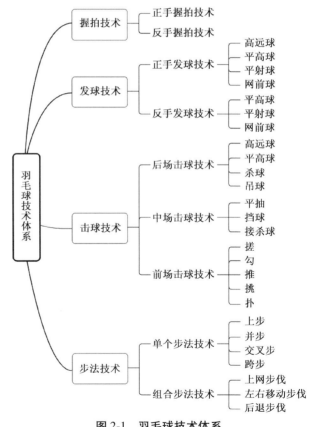

图 2-1 羽毛球技术体系

一、手法技术术语

1. 以击球点在击球者身体位置的方向分类

正拍：同掌心一边的拍面击球。

反拍：同手背一边的拍面击球。

持拍手：握持球拍的手。

非持拍手：没有握持球拍的手，发球时用于持球、抛球。击球过程中，协助持拍手保持身体平衡，完成击球。

头顶球：击球者用正拍拍面击打反手区的上手球。

上手球：击球点在击球者肩部以上。

下手球：击球点在击球者肩部以下。

2. 以击球者击球时在场上的位置分类

前场：前发球线附近至球网。

后场：从端线至场内约1米处。

中场：前、后场区之间的区域。

左、右场区：以发球区的中线为界，分为左、右两个场区。

3. 以球的飞行弧线分类

高球：从场地一边的后场，把球以高弧度击到对方场地后场。

平高球：从场地一边的后场，把球以较低的弧度（不让对方在半途拦截到）击到对方后场。

挑高球：从前场或中场把低于球网处的球向上以较高的弧度击到对方后场。

放网前球：把球从我方网前击到对方近网区，使球带有旋转或翻滚飞行过网。

搓球：用拍面切击球托，使球带有旋转或翻滚飞行过网。

勾球：在网前使球以对角球路线击到对方网前。

吊球：从场地一边的后场，把球以向下飞行的弧线击到对方近网场区。

杀球：从场地一边的中场、后场使球快速向下直线飞行到对方场区。

扑球：在近网高处把球以快速直线向下击到对方场区。

平射球：从场地边的后场，把球以较平的弧度击到对方后场。

平抽挡：（击球点在击球者身体的两侧或近身，挥拍动作幅度较大的称为抽球，挥拍动作幅度较小的称为挡球。）使球以与地面平行或向下飞行的弧线击到对方场区。

推球：在靠近网的三分之一上部，使球以低水平的弧线击到对方后场区。

综合以上手法技术术语，可以用两个或三个名称组合来表示某一击球在场上的位置和击出一球的形式，如正手发后场高远球、正手后场杀球、头顶吊球、反手扑

球、正手推对角、中场正手平抽等。

二、步法技术术语

步法：指脚步移动的动作方法。

判断起动：由接球前的准备动作开始，在对方出手击球的瞬间，判断来球方向，同时双脚前脚掌迅速蹬地向来球方向起动。判断起动快是迅速移动到位、争取有利击球位置的前提和保障。

跨步：一只脚向前后左右跨步，伴随手臂完成击球。步法间的调整多用跨小步，跨大步用于最后击球。

垫步：幅度小、速度快的一种移动步法，用于步法间的衔接。

并步：一只脚先移动，双脚随之离地向空中跃起，同时另一只脚向先行脚并拢，完成位移。

回位：由跨步或跳步完成击球动作后立即向中心位置回动。击球后保持身体平衡是快速回位的关键。

步法慢：指场上脚步移动跟不上对方击球的速度。

第二节 握拍技术

在羽毛球各项基本技术中，握拍技术是最简单但又最易被初学者疏忽的一项技术，是学习羽毛球的第一个技术动作，每个击球动作的握拍方式都会有所不同。通过调整握拍动作，击球动作会更符合人体解剖学及技术动作原理，有利于击球时手腕的灵活动作和手指力量的发挥。因此，我们开始学羽毛球，首先应该重视的技术就是握拍技术。羽毛球的握拍技术分为正手握拍和反手握拍两种。正手击球用正手握拍，反手击球用反手握拍。

一、正手握拍技术（以右手持拍为例，下同）

1. 动作要领（图2-2）

先用左手拿住球拍杆，使拍面与地面垂直，然后张开右手，使手掌下部（小鱼际）靠在拍柄底托，虎口对着拍柄窄的一面，小指、无名指、中指自然并拢，食指与中指稍稍分开，自然地弯曲并贴在拍柄上。在击球之前，握拍要放松、自然，在击球的一刹那紧握球拍。

2. 易犯错误

（1）拇指紧贴在拍柄内侧宽面上。

（2）握拍太靠上，不利于高球、杀球等技术动作的发力。

（3）拳式握拍，各手指相互紧靠，掌心没有空间。

（4）"苍蝇拍"，这种握拍使屈腕发生困难，妨碍对拍面角度的自由控制。

图2-2　正手握拍

二、反手握拍技术

1. 动作要领（图2-3）

在正手握拍的基础上，将球拍柄稍向外旋（即往右转），拇指上提，贴在拍柄第一斜棱旁的宽面上，或者将拇指放在第一、二斜棱之间的小窄面上，食指往中指、无名指和小指方向收回，食指、中指、无名指和小指自然并拢握住拍柄，掌心与拍柄间留有空隙。

2. 易犯错误

（1）拇指用力顶在拍柄内侧宽面上。

（2）拇指贴在拍柄内侧斜棱上。

（3）整个拇指都紧贴拍柄，食指紧张僵直。

图2-3　反手握拍

第三节　发球技术

发球是羽毛球运动非常重要的基本技术之一。它可以通过不同的发球手法，发出不同弧度、不同落点的球来控制对方，为我方创造进攻得分的机会。发球质量的好坏，直接关系到比赛的主动与被动，甚至直接关系到比赛的胜与负，只有重视发球技术的掌握和合理运用，方能在比赛中获胜。

羽毛球运动的发球技术，按握拍技术可分为正手发球和反手发球两种，按球在空中飞行的弧线可分为高远球、平高球、平快球和网前短球等4种（图2-4）。

发球站位与准备姿势：

发球站位：指运动员在开始发球前，选择有利位置的选位方法。一般情况下，单打发球站位的运动员应选择在球场中心中线附近，站在规定场区内离前发球线1～

1.5米处；双打发球站位，则可站在靠近前发球线的地方。

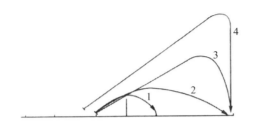

1—网前球；2—平快球；3—平高球；4—高远球。

图2-4 按球在空中飞行的弧线分类

准备姿势如下：

正手发球（图2-5）：运动员两脚前后站立，与肩同宽，侧身对网，左脚在前（脚尖向网），右脚在后（脚尖侧对网），身体重心在后脚。右手持拍向右后侧自然举起，屈肘，左手持球举于身前腹胸间处，眼睛注视对方。发球时，重心由后脚移至前脚。

反手发球（图2-6）：运动员两脚前后站立，右（左）脚在前，左（右）脚在后，上身稍前倾，重心在前脚。右手反手握拍将球拍摆在左腰侧前，肘部微屈稍抬高，拍框朝下，拍面稍后仰，握拍手自然放松，左手持球于腹前腰下处。

图2-5 正手发球准备姿势　　　图2-6 反手发球准备姿势

一、正手发球技术

（一）正手发后场高远球

1. 动作要领（图2-7）

准备姿势：两脚自然开立，左脚在前，脚尖对网，右脚在后，脚尖稍向右侧，重心在右脚上；左手拇指、食指和中指夹持住羽毛球中部，自然抬举于胸前方；右手握拍，自然屈肘举至身体的右后侧。

引拍动作：持球左手自然松开，使球自然下落；右手上臂外旋，并带动前臂自下而上沿半弧形做回环引拍动作。

击球动作：拍面与球在身体右侧前下方接触的瞬间，上、前臂迅速内旋带动手腕，快速向前上方闪动，屈腕屈指发力，用正拍面将球击出。

随挥动作：身体重心移至左脚，持拍手随击球动作的惯性自然向上方挥动。

图 2-7　正手发后场高远球

2. 易犯错误

（1）放球与持拍手向前挥拍的时机配合不当，击球点不准，影响发球质量。

（2）手臂僵硬，小臂、手腕、手指的爆发力量不足，导致击球无力。

（3）击球结束后，球拍未顺势向左上方挥拍缓冲，而是停下来或向右上方挥摆，动作失调，影响击球力量。

（4）击球瞬间，拍面击球角度掌握不当，导致击出的球质量不高。

（二）正手发后场平高球

1. 动作要领（图 2-8）

准备姿势：两脚自然开立，左脚在前，脚尖对网，右脚在后，脚尖稍向右侧，重心在右脚上；左手拇指、食指和中指夹持住羽毛球中部，自然抬举于胸前方；右手握拍，自然屈肘举至身体的右后侧。

引拍动作：持球左手自然松开，使球自然下落；右手上臂外旋，并带动前臂自下而上沿半弧形做回环引拍动作。

击球动作：以前臂带动手腕发力为主，拍面与地面的夹角小于 45°向前推送发球。

随挥动作：身体重心移至左脚，持拍手随击球动作的惯性自然向上方挥动。

图 2-8　正手发后场平高球

2. 易犯错误

（1）放球与持拍手向前挥拍的时机配合不当，击球点不准，影响发球质量。

（2）手臂僵硬，小臂、手腕、手指的爆发力量不足，导致击球无力。

（3）击球瞬间，拍面击球角度掌握不当，导致击出的球质量不高。

（三）正手发后场平快球

1. 动作要领（图 2-9）

准备姿势：两脚自然开立，左脚在前，脚尖对网，右脚在后，脚尖稍向右侧，重心在右脚上；左手拇指、食指和中指夹持住羽毛球中部，自然抬举于胸前方；右手握拍，自然屈肘举至身体的右后侧。

引拍动作：持球左手自然松开，使球自然下落；右手上臂外旋，并带动前臂自下而上沿半弧形做回环引拍动作，引拍动作较发后场高远球略小一些。

击球动作：击球时拍面仰角较小，前臂内旋带动手腕快速闪动，屈指向前发力击球，击球点在规则允许范围内尽可能高一些。

随挥动作：身体重心移至左脚，持拍手随击球动作的惯性自然向上方挥动。

图 2-9　正手发后场平快球

2. 易犯错误

（1）击球瞬间拍面仰角掌握不好，使球的飞行弧度不佳。

（2）击球瞬间发力控制不当，影响球的飞行速度，导致球的落点不准。

（四）正手发网前球

1. 动作要领（图 2-10）

准备姿势：两脚自然开立，左脚在前，脚尖对网，右脚在后，脚尖稍向右侧，重心在右脚上；左手拇指、食指和中指夹持住羽毛球中部，自然抬举于胸前方；右手握拍，自然屈肘举至身体的右后侧。

引拍动作：持球左手自然松开，使球自然下落；右手上臂外旋，并带动前臂自下而上沿半弧形做回环引拍动作。

击球动作：击球时握拍要松，前臂只是前摆而不做内旋动作，靠手指控制力量，手腕收腕发力，用斜拍面往前推送击球，使球轻轻擦网而过，落入对方前发球区内。

随挥动作：身体重心移至左脚，持拍手随击球动作的惯性自然向上方挥动。

图 2-10　正手发网前球

2. 易犯错误

击球时拍面与力量控制不当，球过网偏高、偏远。

二、反手发球技术

（一）反手发网前球

1. 动作要领（图 2-11）

准备姿势：两脚与肩同宽，右脚在前，左脚尖侧后点地，重心在右脚上；左手拇指、中指、食指夹持住球的羽毛处，将球置于腹前腰部以下，右臂屈肘稍向上提起，展腕，用反手握拍法以反拍面将球拍自然置于腹前持球手的后面。

引拍动作：左手放球的同时，以肘为轴，持拍手前臂内旋，带动展腕由后向前做回环半弧形挥动，至一定发力所需幅度。

击球动作：手腕由外展至内收发力，靠手腕和手指控制力量，以斜拍面向前轻轻推送切击球托，使球尽可能低地沿网上方飞过并落入对方前发球线内。

随挥动作：以制动动作结束发力，并迅速将握拍姿势调整为正手放松握拍。

图 2-11　反手发网前球

2. 易犯错误

（1）动作僵硬，运用手腕、手指力量做横切推送时节奏性差，造成发球的稳定性差。

（2）击球时拍面仰角掌握不好，使球容易向上飞行，影响球的飞行弧度。

（二）反手发后场平高球

1. 动作要领（图 2-12）

准备姿势：两脚与肩同宽，右脚在前，左脚尖侧后点地，重心放在右脚上；左手拇指、食指、中指夹持住球的羽毛处，将球置于腹前腰部以下，右臂屈肘稍向上提起，展腕，两眼正视前方。

引拍动作：左手放球的同时，以肘为轴，持拍手前臂内旋，带动展腕由后向前做回环半弧形挥动。

击球动作：屈指收腕发力，用反拍面向前上方将球击出。

随挥动作：以制动动作结束发力，并迅速将握拍姿势调整为正手放松握拍。

图 2-12　反手发后场平高球

2. 易犯错误

（1）手腕甩动的动作慢，造成发球无力，发出的球速度较慢。

（2）拍面的角度控制不好，发出的球不够快、平。

(三) 反手发后场平射球

1. 动作要领（图 2-13）

准备姿势：两脚与肩同宽，右脚在前，左脚尖侧后点地，重心放在右脚上；左手拇指、食指、中指夹持住球的羽毛处，将球置于腹前腰部以下，右臂屈肘稍向上提起，展腕，两眼正视前方。

引拍动作：左手放球的同时，以肘为轴，持拍手前臂内旋，带动展腕由后向前做回环半弧形挥动。

击球动作：屈指收腕发力，用反拍面向前上方将球击出，尽可能提高击球点，利用拇指的顶力屈指发力，使拍面与地面近似于成 90°角迅速向前推进击球。

随挥动作：以制动动作结束发力，并迅速将握拍姿势调整为正手放松握拍。

图 2-13 反手发后场平射球

2. 易犯错误

拍面太平，拍面仰角大，球过网角度太高。

三、接发球技术

(一) 单打接发球站位和准备姿势

单打接发球站位（图 2-14）：接发球者站在离前发球线约 1.5 米处，在右发球区时靠中线位置，主要是防备发球员利用发平快球直接进攻反手部位，避免被动接球；在左发球区时则站在中间位置。

准备姿势：两脚前后站立，一般是左脚在前、右脚在后，身体侧对球网，重心在前脚，后脚脚跟稍提起，双膝微屈，左手自然抬起，屈肘，右手持拍于右身前，两眼注视对方。

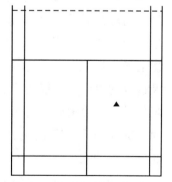

图 2-14 单打接发球站位

（二）双打接发球站位和准备姿势

双打接发球站位（图2-15）：由于双打比赛多采用发网前球，所以，双打比赛中接发球员接发球时靠近前发球线位置，利于快速上网击球，对付对方的网前球。

准备姿势：与单打接发球基本相同，身体重心可随意放在任何一只脚上，球拍要高举以争取主动。在右发球区接发球时要注意防备发球员发平快球突袭反手部位。

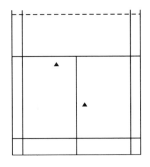

图2-15　双打接发球站位

（三）易犯错误

（1）准备姿势不当，球拍放在身体下方，重心偏高，身体僵直，造成移动速度慢。

（2）站位不当，被动接球，容易造成失误。

第四节　击球技术

一、后场击球技术

后场击球技术主要包括击高远球、平高球、吊球及杀球等几项技术（图2-16）。后场击球的特点是击球点高、力量大、速度快。对于初学羽毛球的人来说，首先就是要尽快掌握后场击球技术，尤其是掌握好击高球的技术。在高水平的羽毛球比赛中，观众常常可以看到运动员要经过无数次前场与后场的反复争夺，互相创造主动

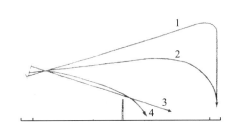

1—高远球；2—平高球；3—杀球；4—吊球。

图2-16　后场击球技术

及进攻的机会。一般情况下，后场击球的次数在比赛中要比前场击球的次数多，后场的进攻手段也要比前场多些。因此，熟练掌握全面、准确、合理的后场击球技术，对于提高羽毛球运动的技术水平、提高在羽毛球比赛场上的控制与反控制能力具有相当重要的意义。

后场击高远球是把球打得既高又远，使球飞行至对方场地的端线上空后垂直下

落到端线附近场区内的一种击球方式。它包括后场正手击高远球和反手击高远球。由于后场高远球飞行的弧度高、速度慢，运动员一般是在自己处于被动的情况下，为了争取时间、调整场上位置、争取变被动为主动时而打出高远球。击高远球的目的是使对方远离球场中心位置，被迫退到端线附近去击球，如果运用得当，高远球也能为进攻创造良好条件，赢得战略上的优势。

杀球是在后场或中后场区域，在尽可能高的击球点上全力将球从高往下压到对方场区的一种击球方式。它具有击球力量大、球速快的特点，给对方形成很大的威胁，是比赛中进攻或直接得分的有效手段。

后场吊球是指球从后场打到对方前场区域（前发球线与球网之间）向下坠落，球的飞行弧度以球过网后迅速下落为宜，它是调动对方、打乱对方阵脚、有效组织战术进攻的一种击球技术。在后场进攻时，如果能与高远球、杀球技术结合起来运用，并且保持吊球、高远球、杀球三种击球技术在击球前动作一致，通常能够使对手在接球前难以判断，给对手构成很大的威胁。

（一）正手后场击高远球

正手后场击高远球是用正手握拍，以正拍面击出击球点在右肩上方的后场高远球。

1. 动作要领（图 2-17）

准备姿势：左脚在前，右脚在后，侧身对网。右手正手握拍屈肘于体侧，上、前臂间夹角为 45°左右；左手自然上举，保持平衡，双眼注视来球方向。

图 2-17　正手后场击高远球

引拍动作：当球下落到一定的高度时，手肘上抬，手臂后倒引拍，以肩为轴做回环动作；前臂充分向后下方摆动并外旋，手腕充分伸展；左手随转体协调屈臂向身体左侧下降。

击球动作：击球时前臂急速内旋并带动手腕加速向前上方挥动，手腕屈收，手指屈指发力，用正拍面将球击出。击球点选在右肩的前上方，其高度以持拍手臂自然伸直击球为宜。

随挥动作：右手随击球后的惯性向左前下方挥动，顺势收回至体前，呈接球前的准备姿势。

2. 易犯错误

（1）击球点不准确，击球无力。

（2）准备姿势不当，身体正对球网，影响身体发力。

（3）手臂没有伸直，而是以肘关节为轴，影响挥臂弧度和力量的发挥。

（4）击球时，拍面没有对准击球方向，主要是前臂没有内旋，削弱了击球力量。

（二）反手后场击高远球

反手后场击高远球是用反手握拍，以反拍面在后场击高远球。

1. 动作要领（图2-18）

准备姿势：由中心位置起动后，用后场反手后退步法向来球方向移动，移动到位后右脚在前，身体背向球网。

引拍动作：球拍举在左胸前，拍面朝上，两眼注视来球方向。

图2-18 反手后场击高远球

击球动作：下肢是一个由屈到伸的过程（击球不仅要靠挥臂的力量，还要利用腿和腰腹之力）；上肢是当球下落至右肩前上方一定高度时，以上臂带动前臂作为初速度，在肘部上抬至与肩平行时，转为前臂带动腕部闪动，由腕屈收开始，经前臂内旋到伸腕，即手腕闪动的路线不是由后向前，而是经外侧向前抖，在右侧上方伸直手臂向后击球，伴随右腿的蹬力，使击出的球更有力量。

随挥动作：击球后迅速转体面向球网，迈出右脚跟进回位。

2. 易犯错误

（1）击球时握拍方法错误，造成拍面对不准击球方向，击球无力。

（2）步法移动不熟练，移动不到位，造成击球点不准，影响身体的协调用力。

（3）击球动作不熟练，用力顺序不准确，不能用爆发力和大拇指侧压力量击球。

（三）正手后场击平高球

正手后场击平高球是指球在空中飞行的弧度比高远球飞行的弧度低，但其高度以对手持拍站在中场起跳到最高点仍不能拦击来球为宜，使球落在对方端线附近场区内的一种进攻性击球。这是后场快速进攻的主要技术之一，是比赛中控制与反控制、直接进攻或主动过渡以创造进攻机会的有效手段。

1. 动作要领（图 2-19）

准备姿势：左脚在前，右脚在后，侧身对网。右手正手握拍屈肘于体侧，上、前臂间夹角为 45°左右；左手自然上举，保持平衡，双眼注视来球方向。

图 2-19　正手后场击平高球

引拍动作：当球下落到一定的高度时，手肘上抬，手臂后倒引拍，以肩为轴做回环动作；前臂充分向后下方摆动并外旋，手腕充分伸展；左手随转体协调屈臂向身体左侧下降。

击球动作：与正手击后场高远球基本一致，只是在击球瞬间，运用前臂带动手腕的充分闪动，屈指发力，以拍面与地面近似垂直的拍面角度将球击出。

随挥动作：击球后右手顺势向左下方减速提臂，最后回收至体前呈接球前的准备姿势。

2. 易犯错误

（1）击球点选择不当，偏前、偏后或偏侧，影响击球时用力。

（2）击球时，以肘为轴，影响小臂发力，造成用力不当。

（3）击球时，靠爆发力把球击出，突击性不够。

（4）击球时，全身用力不协调。

（四）正手后场杀球

正手后场杀球是击球者正手握拍，以正拍面在右肩前上方将对方击来的球在尽可能高的击球点上把球击压到对方场区内的一种击球方式。

1. 动作要领（图2-20）

准备姿势：左脚在前，右脚在后，侧身对网。右手正手握拍屈肘于体侧，上、前臂间夹角为45°左右；左手自然上举，保持平衡，双眼注视来球方向。

引拍动作：当球下落到一定的高度时，手肘上抬，手臂后倒引拍，以肩为轴做回环动作；前臂充分向后下方摆动并外旋，手腕充分伸展；左手随转体协调屈臂向身体左侧下降。

图2-20　正手后场杀球

击球动作：击球点选在右肩前上方较击高远球稍前一点的位置上。击球前身体后仰，几乎呈弓形，在击球瞬间，将上、下肢的力量通过手腕由伸到屈快速闪动发力，以正拍面向前下方全力压击球。

随挥动作：击球后，球拍随惯性向左前下方挥动，并自然回收至胸前，恢复放松状态下的正手握拍。

2. 易犯错误

（1）击球时，拍面角度控制不好，用力方向不当。

（2）击球点掌握不好，击球点靠前或靠后。

（3）击球时，手腕肌肉过于紧张，造成手腕闪动不够，击球无力。

（4）击球时，大臂下拉，导致杀球落网等。

（五）头顶后场杀球

1. 动作要领（图2-21）

准备姿势：左脚在前，右脚在后，侧身对网。右手正手握拍屈肘于体侧，上、前臂间夹角为45°左右；左手自然上举，保持平衡，双眼注视来球方向。

引拍动作：当球下落到一定的高度时，手肘上抬，手臂后倒引拍，以肩为轴做回环动作；前臂充分向后下方摆动并外旋，手腕充分伸展；左手随转体协调屈臂向身体左侧下降。

击球动作：当球恰好落在头顶上空或左肩上空适当高度时，持拍手臂向上举并绕过头至左肩上，突然加快小臂、手腕的闪动并下压。同时，右脚向左后方蹬地跳起，左脚后撤，身体呈背弓形，利用腰腹力量和手部力量协调向前下方将球击出。

图 2-21　头顶后场杀球

随挥动作：击球后，左脚着地时，要快速蹬地起步回位，准备回击下一个来球。球拍随惯性向左前下方挥动，并自然回收至胸前，恢复放松状态下的正手握拍。

2. 易犯错误

（1）击球时，拍面角度控制不好，导致杀球落网。

（2）击球时，手腕肌肉过于紧张，造成手腕闪动不够，击球无力。

（六）反手后场杀球

反手后场杀球是在后场区域用反手握拍，以反拍面将对方打来的球击杀到对方场区内的一种杀球方式。反手后场杀球的力量不如正手杀球和头顶杀球的力量大，但它对前臂、手腕和手指的迅速爆发用力有比较高的要求。反手后场杀球的技术难度较大，这种技术动作也往往使对手始料不及。

1. 动作要领（图 2-22）

准备姿势：准确判断对方来球，迅速移动到合适的击球位置，最后一步右脚向左后侧跨出，背对球网。

引拍动作：球拍举在左胸前，拍面朝上，两眼注视来球方向。

击球动作：击球时先是左脚蹬地发力，紧接着腰腹及肩部发力，带动上臂及前臂由外旋至内旋快速闪动，屈指发力击球托的后部。

随挥动作：击球后前臂内旋，使球拍回收至体前，迅速转体回动。

图 2-22　反手后场杀球

2. 易犯错误

（1）击球点过后或过低，影响发力。

（2）击球前动作僵硬，用不上力。

（七）正手后场吊球

1. 动作要领（图 2-23）

准备姿势：左脚在前，右脚在后，侧身对网。右手正手握拍屈肘于体侧，上、前臂间夹角为45°左右；左手自然上举，保持平衡，双眼注视来球方向。

引拍动作：当球下落到一定的高度时，手肘上抬，手臂后倒引拍，以肩为轴做回环动作；前臂充分向后下方摆动并外旋，手腕充分伸展；左手随转体协调屈臂向身体左侧下降。

击球动作：击球点选择在右肩的前上方较击高远球稍前一点的位置。击球时由伸腕到屈收带动手指捻动拍柄发力，并以手指转动使球拍形成一定的外旋，用斜拍面切击球托后部的右侧，主要靠手腕、手指控制力量。

随挥动作：击球后，球拍随惯性向左前下方挥动，并自然回收至胸前，恢复放松状态下的正手握拍。

图 2-23　正手后场吊球

2. 易犯错误

（1）击球点调整不好，造成击出的球下网或比较高。

（2）动作僵硬，击球时不会用手指、手腕的力量。

（3）击球时，没有"切""削"球动作，而是用"挡""压"动作。

（八）反手后场吊球

1. 动作要领（图 2-24）

准备姿势：由中心位置起动后，用后场反手后退步法向来球方向移动。

引拍动作：移动到位后右脚在前，身体背向球网。球拍举在左胸前，拍面朝上，两眼注视来球方向。

击球动作：前臂挥动速度减慢，手腕加速摆动，用反拍面切击球托的后部。吊直线球时，用反拍面切击球托的中后部，并沿直线向前用力；吊斜线球时，用反拍面切击球托的偏左侧，并沿斜线向前用力。

随挥动作：击球后迅速转体面向球网，迈出右脚跟进回位。

图 2-24　反手后场吊球

2. 易犯错误

（1）击球时，向前动作不够，球易下网。

（2）击球点调整不好，造成击出的球下网或比较高。

二、中场击球技术

中场击球技术中常见的是中场平抽快挡和中场接杀球技术。由于中场区域是比赛双方攻守转换的主要地带，双方运动员之间的距离比较近，球在空中滞留的时间又比较短，因此，中场击球技术对挥拍击球时球拍的预摆幅度要求相对小一些，突出体现一个"快"字。

平抽球是中场击球技术中的一种主动击球技术。它是把位于身体左右两侧，高度在肩部以下、腰部以上位置的球用抽击的动作使球过网，球过网后便向下飞行。这种击球技术的特点是速度快，球的飞行弧度较平，落点较远，是双打的主要技术。平抽球分为正手平抽球和反手平抽球两种。

快挡球也是中场击球技术中的一种，是双打由守转攻的反攻技术。它是把位于体前的来球，用正反拍弹击过网，使球过网后落于网前区域。快挡球可分为正手快挡球和反手快挡球两种。

接杀球技术是羽毛球实战中由守转攻的重要环节。若能较好地掌握接杀球技术，通常可以从守中反攻得到较好的进攻主动权或直接得分的机会。比赛中接杀球看似一项防守技术，但是如果防守严密，回球时战术路线和落点得当，往往是守中反攻的开始。

（一）正手平抽球

正手平抽球是用正手握拍，以正拍面将位于身体右侧，高度在肩部以下、腰部以上位置的球用抽击的动作使球过网的一种击球技术。

1. 动作要领（图 2-25）

准备姿势：右脚向右侧迈出一小步，上体稍向右侧倾，正手握拍。手臂向右侧上摆，屈肘，左脚跟提起。

引拍动作：前臂稍后摆带有外旋，手腕从稍外展至后伸，使球拍引至后下方，按最长运动距离向前挥拍。

击球动作：击球时，小臂急速向右侧前方挥动，并由外旋转为内旋，手腕由后伸至伸直闪腕，手指握紧拍柄高速挥拍击球，由后向右侧稍平地抽压过去。

随挥动作：击球后，持拍手顺势向左侧挥摆，左脚向左前方迈一步，准备击球。

图 2-25　正手平抽球

2. 易犯错误

（1）判断迟缓，出手不快，击球时间不准。

（2）匆忙追球，步法未到位就急于击球。

（3）击球点选择不好，过于靠近身体，击球时难以发力。

（4）身体重心不稳，影响手臂的击球动作。

（5）击球时，没有完成小臂带动手腕、手指抽鞭式向前闪动，影响击球的爆发力。

（二）反手平抽球

反手平抽球是用反手握拍，以反拍面将位于身体左侧，高度在肩部以下、腰部以上位置的球用抽击的动作使球过网的一种击球技术。

1. 动作要领（图2-26）

准备姿势：右脚向右侧迈出一小步，上体稍向右侧倾，反手握拍。手臂向右侧上摆，屈肘，左脚跟提起，身体稍向左转。

引拍动作：左脚向左前方迈一步，将球拍引向左侧。手腕外展，球拍同时外旋，前臂内旋。

击球动作：前臂往前挥拍击球的瞬间，手指突然握紧拍柄，拇指前顶，手腕由外展到伸直至内收闪腕，球拍迎击球托的后底部。

随挥动作：击球后，球拍顺势挥向右侧，后还原至胸前。

图2-26　反手平抽球

2. 易犯错误

（1）判断迟缓，出手不快，击球时间不准。

（2）匆忙追球，步法未到位就急于击球。

（3）击球点选择不好，过于靠近身体，击球时难以发力。

（4）身体重心不稳，影响手臂的击球动作。

（5）击球时，没有完成小臂带动手腕、手指抽鞭式向前闪动，影响击球的爆发力。

（三）正手快挡球

正手快挡球是用正手握拍，以正拍面将位于身体右侧或体前的来球轻挡过网，使球过网后落于对方网前区域内的一种中场击球技术。

1. 动作要领（图2-27）

准备姿势：右脚向右侧迈出一小步，上体稍向右侧倾，正手握拍。手臂向右侧上摆，屈肘，左脚跟提起。

引拍动作：右脚向右侧跨出一步，在跨步的同时球拍向右侧后引，使之对准来球，上体向右后方转至左肩对网，髋关节也转向右后方，右腿蹬直，给接近右侧身体的来球让出适当空位。

击球动作：击球时不必做较大的挥拍动作，只需借助来球力量，在手腕外展闪动的同时，食指、中指往拇指方向轻轻提拉，靠其余手指突然紧握拍柄产生的力量将球轻挡过网。

随挥动作：击球后，右脚向前迈，球拍随身体向左转，收回于身前。

图 2-27 正手快挡球

2. 易犯错误

（1）控制拍面角度不准和击球力量差，影响接球质量。

（2）判断迟缓，击球时间不准。

（四）反手快挡球

反手快挡球是用反手握拍，以反拍面将位于身体左侧或体前的来球轻挡过网，使球过网后落于对方网前区域内的一种中场击球技术。

1. 动作要领（图 2-28）

准备姿势：右脚向右侧迈出一小步，上体稍向右侧倾，反手握拍。手臂向右侧上摆，屈肘，左脚跟提起，身体稍向左转。

引拍动作：左脚向左前方迈一步，将球拍引向左侧。手腕外展，球拍同时外旋，前臂内旋。

击球动作：击球时不必做较大的挥拍动作，只需借助来球力量及手腕的内收动作，由屈腕至伸直闪腕，以握紧球拍产生的力量击球托的后底部，把球轻轻地弹击到对方网前区域。

随挥动作：击球后球拍回收至体前，向前跟进一步，以便封住对方的直线或斜线网前回球。

图 2-28 反手快挡球

2. 易犯错误

（1）控制拍面角度不准和击球力量差，影响接球质量。

（2）判断迟缓，击球时间不准。

（五）正手接杀放网前球

正手接杀放网前球是在身体右侧用正手握拍，以正拍面将对方的杀球回击直线球至对方网前区域内的一种中场击球技术。

1. 动作要领（图 2-29）

准备姿势：两脚与肩同宽，自然分立于中场稍偏后一点的位置，重心降低，目视对方击球动作。

引拍动作：用正手接杀球的步法向来球方向移动，在右脚触地的同时，右手伸向右侧，上臂外旋，伸腕引拍。

击球动作：击球时，借助对方杀球力量，运用手腕、手指控制拍面，以切击动作向前方推送、轻击球托底部。

随挥动作：击球后迅速回位，并持拍于胸前，准备回击下一个来球。

图 2-29 正手接杀放网前球

2. 易犯错误

（1）站位不当，常常感到措手不及。

（2）击球点判断不准确，手指、手腕力量不能很好地发挥。

（3）反应慢，控制拍面角度不准和击球力量差，影响接杀球质量。

（六）反手接杀放网前球

反手接杀放网前球是在身体左侧用反手握拍，以反拍面将对方的杀球回击直线球至对方网前区域内的一种中场击球技术。

1. 动作要领（图2-30）

准备姿势：两脚与肩同宽，自然分立于中场稍偏后一点的位置，重心降低，目视对方击球动作。

引拍动作：用反手接杀球的步法向来球方向移动，在右脚（或左脚）触地的同时，右手伸向左侧来球方向，前臂稍内旋，引拍预摆动作。

击球动作：击球时由展腕至收腕微微发力，并通过手指控制拍面的力量和角度，切击球托底部。

随挥动作：迅速回到中心位置，同时将球拍收至胸前准备回击下一个来球。

图2-30 反手接杀放网前球

2. 易犯错误

（1）站位不当，常常感到措手不及。

（2）击球点判断不准确，手指、手腕力量不能很好地发挥。

（3）反应慢，控制拍面角度不准和击球力量差，影响接杀球质量。

（七）正手接杀挑后场高球

正手接杀挑后场高球是用正手握拍，以正拍面将对方杀到身体右侧或体前的球挑向对方后场底线区域附近的一种中场击球技术。

1. 动作要领（图 2-31）

准备姿势：两脚与肩同宽，自然分立于中场稍偏后一点的位置，重心降低，目视对方击球动作。

引拍动作：右脚向右侧跨出一步，以肩、肘为轴心，前臂外旋带动手腕伸腕在身体的右前下方做半弧形回环引拍动作。

击球动作：在拍面击球的瞬间，前臂迅速内旋带动手腕向前上方展腕，在体前或体侧位置发力击球。击球时出手要快，预摆动作和发力动作要小。

击球后动作：击球后迅速回位，并持拍于胸前，准备回击下一个来球。

图 2-31　正手接杀挑后场高球

2. 易犯错误

（1）站位不当，常常感到措手不及。

（2）击球点判断不准确，手指、手腕力量不能很好地发挥。

（3）反应慢，控制拍面角度不准和击球力量差，影响接杀球质量。

（八）反手接杀挑后场高球

反手接杀挑后场高球是用反手握拍，以反拍面将对方杀向身体左侧或体前的球挑到对方后场底线区域附近的一种中场击球技术。

1. 动作要领（图 2-32）

准备姿势：两脚与肩同宽，自然分立于中场稍偏后一点的位置，重心降低，目视对方击球动作。

引拍动作：左脚向左侧跨出的同时，上身稍向左后侧转，以肩、肘为轴，前臂内旋带动手腕在身体的左前下方做半弧形回环引拍动作。

击球动作：前臂在向前挥动的同时，手腕由外展至内收伸腕，手指突然紧握拍柄，产生爆发力，击球托的后底侧部。

击球后动作：击球后拍子随身体的回转而动，拍子收至胸前。

图 2-32　反手接杀挑后场高球

2. 易犯错误

（1）站位不当，常常感到措手不及。

（2）击球点判断不准确，手指、手腕力量不能很好地发挥。

（3）反应慢，控制拍面角度不准和击球力量差，影响接杀球质量。

三、前场击球技术

（一）正手搓球

正手搓球是用正手握拍，以正拍面将网前位置的来球运用"搓""切"等动作回击到对方网前的前场击球技术。

1. 动作要领（图 2-33）

准备姿势：两脚自然开立，与肩同宽，与持拍手同侧的脚前移半步，两脚后跟自然提起，以前脚掌触地，两膝弯曲，身体重心微降。持拍手稍屈肘展腕，拍头上仰，置于胸前。

引拍动作：运用正手上网步法向来球方向起动、移动，同时以肩肘为轴，前臂外旋带动伸展，在身体的右前方做适量的半弧形回环引拍动作，左手自然后伸，与右手反方向平行，保持身体平衡，准备击球。

击球动作：用食指、拇指捻动球拍，手腕由展腕至收腕发力，由右向左以斜拍面摩擦切击球托的右后侧部位，使球下旋翻滚过网，称为"收搓"。击球动作由收腕到展腕发力，由左向右以斜拍面切击球托的左后侧部位，使球上旋翻滚过网，称为"展搓"。

随挥动作：击球后向中心位置回动，同时手臂收至胸前，准备回击下一个来球。

图 2-33　正手搓球

2. 易犯错误

（1）动作僵硬，不是用手腕、手指的力量搓球，而是将球弹出。

（2）握拍时掌心没有空出，击球时手指没有捻动动作。

（3）搓球部位不正确，球不旋转。

（二）反手搓球

反手搓球是用反手握拍，以反拍面将网前位置的来球运用"搓""切"等动作回击到对方网前的前场击球技术。

1. 动作要领（图2-34）

准备姿势：运用反手上网步法向来球方向移动，击球前的动作同正手搓球。

引拍动作：前臂随步法移动调整为反手握拍，前臂上举，手腕前屈，手背大概与球网同高，拍面低于网顶，用反拍面迎球。

击球动作：有两种击球方式。第一种是收搓，击球时手腕由展腕至收腕发力，击球时由左至右切击球托的左后侧部位。第二种是展搓，击球时手腕由收腕至展腕发力，以斜拍面由右向左切击球托的右后侧部位。

随挥动作：同正手搓球，注意握拍要从反手握拍还原成正手放松握拍。

图 2-34　反手搓球

2. 易犯错误

（1）动作僵硬，不是用手腕、手指的力量搓球，而是将球弹出。

（2）握拍时掌心没有空出，击球时手指没有捻动动作。

（3）搓球部位不正确，球不旋转。

（三）正手勾对角球

正手勾对角球是以正手握拍，将对方击至前场低手位的球，勾至对方斜对角前场区域的击球技术。

1. 动作要领（图2-35）

准备姿势：两脚自然开立，与肩同宽，与持拍手同侧的脚前移半步，两脚后跟自然提起，以前脚掌触地，两膝弯曲，身体重心微降。持拍手稍屈肘展腕，拍头上仰置于胸前。

引拍动作：运用上网步法向来球方向起动、移动，同时以肩肘为轴，前臂外旋带动伸展，在身体的右前方做适量的半弧形回环引拍动作，左手自然后伸，与右手反方向平行，保持身体平衡，准备击球。

击球动作：上臂内旋带动肘部稍回拉，手腕由伸腕至收腕发力，切击球托的右后侧部位。

随挥动作：击球后向中心位置回动，同时手臂收至胸前，准备回击下一个来球。

图2-35　正手勾对角球

2. 易犯错误

（1）上臂和手腕紧张，造成击球时动作僵硬，球飞行的角度和力量控制不好，容易造成击球失误。

（2）击球动作过于明显，意图明显，达不到网前勾球的突然性。

（四）正手推球

正手推球是以正手握拍，将对方击至前场位置较高的来球，以飞行弧线较平的线路回击至对方底线附近的击球技术。

1. 动作要领（图 2-36）

准备姿势：两脚自然开立，与肩同宽，与持拍手同侧的脚前移半步，两脚后跟自然提起，以前脚掌触地，两膝弯曲，身体重心微降。持拍手稍屈肘展腕，拍头上仰并置于胸前。

引拍动作：运用上网步法向来球方向起动、移动，同时以肩肘为轴，前臂外旋带动伸展，在身体的右前方做适量的半弧形回环引拍动作，左手自然后伸，与右手反方向平行，保持身体平衡，准备击球。

击球动作：以肘为轴，前臂内旋带动手腕由伸腕至展腕快速向前发力击球，在击球瞬间，充分运用食指的拨力击球。正拍面向正前方击球为推直线球，正拍面向斜前方（由右向左前方挥动球拍）击球为推斜线球。

随挥动作：击球后向中心位置回动，同时手臂收至胸前，准备回击下一个来球。

图 2-36　正手推球

2. 易犯错误

（1）握拍太紧，没有用手腕、手指力量击球，导致动作过大。

（2）移动步法慢，击球点低，导致球的弧线太高或下网。

（3）拍的后摆过大，击球点低或推球下网。

（五）正手挑球

正手挑球是以正手握拍，将对方击至前场低手位的球，以由下至上的弧线回击至对方场区的击球技术。

1. 动作要领（图 2-37）

准备姿势：两脚自然开立，与肩同宽，与持拍手同侧的脚前移半步，两脚后跟自然提起，以前脚掌触地，两膝弯曲，身体重心微降。持拍手稍屈肘展腕，拍头上仰并置于胸前。

引拍动作：判断来球方向，降低重心，向右侧的来球方向移动，同时持拍手臂外旋，带动手腕稍做回环引拍动作，伸向球底部。

击球动作：前臂迅速内旋，带动手腕向前上方展腕发力击球，将球向对方场区上空挑起，以高弧线飞行，落至底线附近。

随挥动作：击球后即向中心位置回动，持拍手手臂收至胸前。

图 2-37　正手挑球

2. 易犯错误

（1）握拍太紧，手腕、手指击球力量不充分，易形成半场球。

（2）移动步法慢，击球点低，导致球弧线过低，致球下网。

（六）反手挑球

反手挑球是以反手握拍，将对方击至前场低手位的球，以由下至上的弧线回击至对方场区的击球技术。

1. 动作要领（图 2-38）

准备姿势：两脚自然开立，与肩同宽，与持拍手同侧的脚前移半步，两脚脚后跟自然提起，以前脚掌触地，两膝弯曲，身体重心微降。持拍手稍屈肘展腕，拍头上仰并置于胸前。

引拍动作：以肩、肘为轴，前臂内旋，在身体的左前下方带动手腕展腕，并做半弧形回环引拍动作。

击球动作：击球时前臂外旋，带动手腕收腕发力，并充分利用拇指的顶力将球击出。用反拍面向正前上方发力将击出直线球，用反拍面向斜前上方发力则击出斜线球。

随挥动作：击球后即向中心位置回动，持拍手手臂收至胸前。

2. 易犯错误

（1）握拍太紧，手腕、手指击球力量不充分，易形成半场球。

（2）移动步法慢，击球点低，导致球弧线过低，致球下网。

图 2-38 反手挑球

（七）正手扑球

正手扑球是以正手握拍，将位于球网上方的来球，由上向下扑击到对方场区的击球技术。

1. 动作要领（图 2-39）

准备姿势：两脚自然开立，与肩同宽，与持拍手同侧的脚前移半步，两脚脚后跟自然提起，以前脚掌触地，两膝弯曲，身体重心微降。持拍手稍屈肘展腕，拍头上仰并置于胸前。

引拍动作：运用前场跃起扑球步法向来球方向移动，在右脚蹬地向前方跨出或腾空跃起迈出的同时，持拍手前臂稍内旋做回环引拍动作，向头部前上方的来球方向伸出。

图 2-39 正手扑球

击球动作：击球点必须高于球网的顶部。击球时，前臂外旋，手腕由伸展姿势向前下方快速收腕发力击球托正面。来球距离球网较近时，为避免击球后球拍挥动的余力导致触网，可采用与球网几乎平行的轨迹，从左向右挥拍击球。

随挥动作：击球后前臂和手腕以制动动作结束，并迅速收至体前。

2. 易犯错误

击球时机、判断来球路线和高度不准确，挥拍动作过大，球易下网或出界。

（八）反手扑球

反手扑球是以反手握拍，将位于球网上方的来球，由上向下扑击到对方场区的击球技术。

1. 动作要领（图 2-40）

准备姿势：两脚自然开立，与肩同宽，与持拍手同侧的脚前移半步，两脚脚后跟自然提起，以前脚掌触地，两膝弯曲，身体重心微降，持拍手稍屈肘收腕，拍头上仰并置于胸前。

引拍动作：在右脚蹬地向前方跨出或腾空跃起迈出的同时，以肘为轴，前臂稍外旋做回环引拍动作。

击球动作：前臂外旋，手腕由展腕至屈收向前下方发力击球。拍面向正前下方击球为反手扑直线球，拍面向斜前下方击球为反手扑斜线球。

随挥动作：击球后前臂和手腕以制动动作结束，并迅速收至体前。

图 2-40 反手扑球

2. 易犯错误

击球时机、判断来球路线和高度不准确，挥拍动作过大，球易下网或出界。

第五节　步法技术

快速、灵活和正确的步法移动是打好羽毛球，全面提高羽毛球技术水平的重要环节。

一、步法动作结构

步法动作结构分为起动、移动、到位击球和回位四个部分。

（一）起动

起动时，两脚同时向上微微跳起，调整身体重心，利于向来球方向移动。判断准确、反应快是迅速起动的前提。在这一环节中，要特别加强反应速度的练习，提高判断能力。

（二）移动

从中心位置到击球位置的变换叫移动。运动员在球场上速度的快慢很大程度上取决于移动速度。为提高步法的移动速度，可采用专项速度训练进行练习。

（三）到位击球

在击球时，不仅是上肢挥拍击球，而且需要下肢配合共同发力，协调完成，这是步法结构中的关键。如果动作不协调，是不可能击出速度快、落点准的球，所以要求动作准确、合理、协调，给人一种轻松自如的感觉。

（四）回位

击球后迅速从接球的位置向球场中心位置移动叫回动。回动不是盲目地向球场中心位置跑，而应根据战术需要来移动。

二、单个步法技术

（一）垫步

当右（左）脚向前（后）迈出一步后，紧接着以同一脚向同一方向再迈步，称为垫步。垫步一般较多用于上网步法及各种步法间的衔接和调整。

（二）并步

当右脚向前（后）移动一步时，左脚即刻向右脚跟并一步，紧接着右脚再向前（后）移一步，称为并步。并步一般较多用于后退步法。

（三）交叉步

左右脚交替向前、向侧或向后移动，称为交叉步。经另一只脚前面超越的为前交叉步，经另一只脚脚跟后超越的为后交叉步。交叉步一般较多用于后退步法。

（四）蹬跨步

在移动的最后一步，左脚用力向后蹬的同时，右脚向来球的方向跨出一大步，称为蹬跨步。蹬跨步一般较多用于上网步法。

（五）蹬转步

以一只脚为轴，另一只脚做向后或向前蹬转迈步，称为蹬转步。

三、组合步法技术

（一）前场上网步法

从球场中心的准备姿势站位开始，运用并步、交叉步、蹬跨步等移动方式向前场区域方向移动接球的步法，称为前场上网步法。前场上网步法可视对方来球方向不同，分为正手上网步法和反手上网步法。不论是正手上网步法还是反手上网步法，较常用的有交叉步上网和垫步上网两种。

1. 前场正手上网步法

从球场中心的准备姿势站位开始，运用并步、交叉步、蹬跨步等移动方式向右前场区域方向移动接球的步法，称为前场正手上网步法。前场正手上网步法视对方来球距离球网的远近，可分为正手交叉步上网步法和正手垫步上网步法两种。

（1）正手交叉步上网步法（图2-41）。

呈接球前的准备姿势站位准备，左脚向身体右侧前方来球方向迈出一小步，紧接着左脚用力蹬地，同时右脚经左脚向右前方跨出一大步接球。触地时，右脚脚尖稍向外倾，左手自然后拉，以保持身体平衡。接球后，左脚稍向右脚跟进靠拢，右脚立即往中心位置蹬地退回一步，左脚紧跟其后也退回一步，还原成接球前的准备姿势。

（2）正手垫步上网步法（图2-42）。

起动后右脚迅速向身体右侧前方迈出一小步，左脚紧接着向前垫一小步并至右脚后跟处，同时左脚前脚掌用力蹬地，右脚再向前跨出一大步接球，右脚触地后回位动作的要领同正手交叉步上网步法。

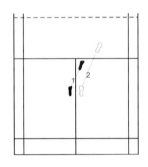
图2-41　正手交叉步上网步法

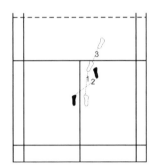
图2-42　正手垫步上网步法

2. 前场反手上网步法

从球场中心的准备姿势站位开始，运用并步、交叉步、蹬跨步等移动方式向左前场区域方向移动接球的步法，称为前场反手上网步法。前场反手上网步法也有反手交叉步上网步法和垫步上网步法之分。

（1）反手交叉步上网步法（图2-43）。

与前场正手交叉步上网步法相同，但身体须向左侧前场区域移动接球。

（2）反手垫步上网步法（图2-44）。

与前场垫步上网步法相同，但身体须向左侧前场区域移动接球。

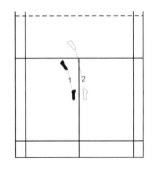
图2-43　反手交叉步上网步法

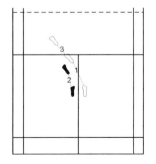
图2-44　反手垫步上网步法

（二）中场左右移动步法

左右移动步法主要用于接杀球，分中场正手接杀球步法和中场反手接杀球步法。

1. 中场正手接杀球步法

由球场中心位置向身体右侧的右场区域移动，称为正手接杀球步法。依据来球与身体距离的远近，可分为正手蹬跨步接杀球步法和正手垫步加跨步接杀球步法。

（1）正手蹬跨步接杀球步法（图2-45）。

判断来球后，右脚前脚掌触地起动，左脚向身体右侧的右场区域边线方向蹬地，右脚向来球方向转动的同时向右跨一步接球，右脚触地动作与前场正手交叉步上网步法相同，接球后右脚即向中心方向蹬跳一步回位。

（2）正手垫步加跨步接杀球步法（图2-46）。

起动后左脚可向来球方向先垫一小步，右脚紧接其后又跨一大步接球。

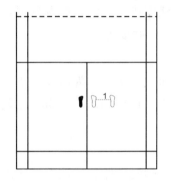
图2-45　正手蹬跨步接杀球步法

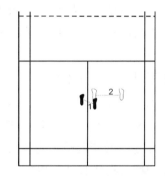
图2-46　正手垫步加跨步接杀球步法

2. 中场反手接杀球步法

由球场中心位置向身体左侧的左场区域移动，称为中场反手接杀球步法。它也分为反手蹬跨步接杀球步法和反手垫步加蹬跨步接杀球步法。

（1）反手蹬跨步接杀球步法（图2-47）。

起动后右脚用力向来球方向蹬地，向左侧转髋的同时，左脚向来球方向跨一大步接球，左脚尖稍外展，脚跟触地，接球后左脚掌即向中心位置蹬地回位。

（2）反手垫步加蹬跨步接杀球步法（图2-48）。

起动后左脚向来球方向垫一小步，并向前方用力蹬地，同时身体向左侧转体，右脚紧随其后向来球方向迈一大步，呈背对球网状态用反手接球。

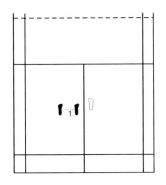

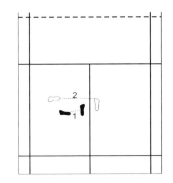

图 2-47　反手蹬跨步接杀球步法　　　　图 2-48　反手垫步加蹬跨步接杀球步法

（三）后场后退步法

后场后退步法是指从球场中心位置后退到端线的移动步法。后场后退步法是羽毛球步法中最常用也是难度最大的移动步法，因为人的本能习惯，向前移动比向后退容易一些。根据在后场正手、头顶和反手位置击球姿势的不同，后场后退步法分为后场正手后退步法、后场头顶后退步法和后场反手后退步法。

1. 后场正手后退步法

身体面对球，往身体右后侧的后场区域移动接球的步法，称为后场正手后退步法。后场正手后退步法视身体与来球之间距离的远近，可分为蹬转步起跳后退、并步后退和交叉步后退三种后退接球步法。

（1）正手蹬转步起跳后退步法（图 2-49）。

由接球准备姿势起动，以左脚前脚掌为轴心，右脚向身体右后侧右场区的来球方向蹬地，在身体向右后转体的同时右脚后退一步，将重心放在右脚上，呈后场高远球击球动作的准备姿势。此时左脚后摆，右脚用力蹬地向前交叉起跳接球，击球后即向中心位置回位。

（2）正手并步后退步法（图 2-50）。

起动后右脚向来球方向后退一小步，左脚紧跟其后蹬地向右脚并一步，重心放在右脚上。此时的起跳接球动作和击球后的回位动作均与正手蹬转步起跳后退步法相同。

（3）正手交叉步后退步法（图 2-51）。

起动后右脚向来球方向后退一小步，左脚紧跟着经右脚往后交叉迈一步，最后右脚又经左脚向后交叉迈一步，重心在右脚上。此时的起跳接球动作和击球后的回位动作均与正手蹬转步起跳后退步法相同。

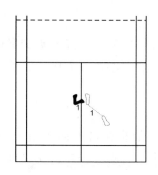 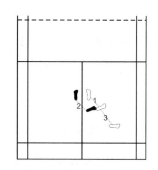 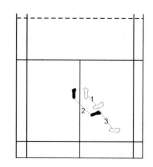

图 2-49　正手蹬转步起跳后退步法　　图 2-50　正手并步后退步法　　图 2-51　正手交叉步后退步法

2. 后场头顶后退步法

在身体左侧的后场区域运用正手绕头顶接球的后退步法，称为后场头顶后退步法。后场头顶后退步法与后场正手后退步法一样，可视来球与身体之间的距离远近，分为头顶蹬转步起跳后退步法、并步后退步法和交叉步后退步法三种。各种步法的动作要领均同后场正手后退步法，其区别在于，起动后右脚的第一步蹬转是向身体的左后场区域迈出。

（1）头顶蹬转步起跳后退步法（图 2-52）。

动作要领与后场正手蹬转步起跳后退步法相同。

（2）并步后退步法（图 2-53）。

动作要领与正手并步后退步法相同。

（3）交叉步后退步法（图 2-54）。

动作要领与正手交叉步后退步法相同。

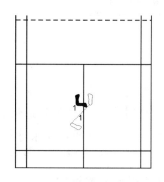 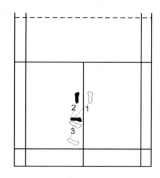 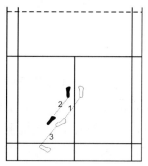

图 2-52　头顶蹬转步起跳后退步法　　图 2-53　并步后退步法　　图 2-54　交叉步后退步法

3. 后场反手后退步法

运用反手接球方法去接身体左侧后场区域位置来球的移动方式，称为后场反手后退步法。根据来球与身体之间距离的远近，可分为反手二步后退步法和反手三步后退步法两种。

（1）反手二步后退步法（图 2-55）。

起动后在身体左转的同时，左脚向左后侧迈出一小步，然后右脚经左脚交叉向来球方向再跨出一步，呈身体背对球网的姿势接球，接球后重心落在右脚上，顺势往中心位置方向蹬转回位。

（2）反手三步后退步法（图 2-56）。

起动后在身体左转的同时，以左脚前脚掌为轴心，右脚向来球方向迈出一步，左脚紧跟其后，经右脚蹬地向左后侧的来球方向迈出一步，右脚又经左脚交叉向来球方向跨出，最后上步，呈背对球网姿势接球，接球后重心落在右脚上，顺势往中心位置方向蹬转回位。

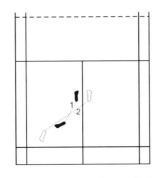   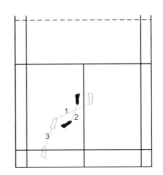

图 2-55　反手二步后退步法　　　　图 2-56　反手三步后退步法

第六节　影响击球质量的基本因素

羽毛球比赛比的是球体在空中飞行的速度和线路的变化。高质量的击球集球速快、落点准、线路巧、变化多于一体，可最大限度地调动对手，给对手制造最大的障碍，迫使对手出现漏洞，或跟不上节奏而失误，从而取胜。击球质量受来球状况、击球意识、击球技术等多方面因素的影响，现就一些基本的、直接影响击球质量的击球技巧因素分述如下，如能协调处理好这些因素，就能提高击球质量。

一、击球力量

击球力量是指运动中持拍手挥拍作用于球体上的力量。实战中击球力量的大小由引拍产生的速度和力量、球拍和拍弦的反弹力、羽毛球托的弹性等因素决定。

运动中击球力量的大小直接反映在球体运行速度的快慢上。击球力量较强者，持拍手挥拍作用于球体上的力量大，击出的球向前飞行的速度也较快；击球力量较弱者，挥拍作用于球体上的力量较小，球体飞行的速度也较慢。

击球力量大，球体飞向对方场区的速度快，可增加对手接球的难度。对手的判断、起动、移动、击球等一系列动作都要快，才能抢在球体落地前获得最佳的击球位置。另外，击球力量越大，反弹力越大，对手回球就越难控制。在击球角度相同的情况下，击球力量越大，球速越快，飞行越远。

击出力量大、速度快的球，需注意综合协调以下几方面因素。

第一，上下肢和躯干各部位动作协调配合，肌肉张弛有序，力量集中，在击球的瞬间，使爆发力通过球拍作用于球体上。

第二，击球前引拍动作充分、合理，留有加速空间，在挥拍速度最快、力量最大时击中球体。

第三，选择最佳击球点和较好的击球角度。

第四，击球时用正拍面击球。

第五，击球后迅速收拍，做好击下一次球的准备。

二、击球弧线与节奏

羽毛球运动中，弧线球可分为高弧线球、低弧线球、向下飞行弧线球和平行飞行弧线球。击球节奏是指从选手将球击出到对手回球后再次击球之间的时间，即双方比赛一个回合。这个回合所需时间越短，节奏就越快。击球弧线的高低影响球速的快慢、飞行距离的长短和落点的位置，从而左右双方比赛进行的速度和节奏。

（一）高弧线球

击球方向与地面夹角越大，球向上飞行的弧线曲度越大，球飞行至最高点后下落的距离越短，球体飞行速度也越慢，比赛速度和节奏随之减慢。实战中，防守过渡时可运用高弧线球来放慢击球节奏，争得回位时间，调整失衡的身体重心。如果击球弧线不够高，对方击球速度节奏较快，则回位时间不够，效果不好。

（二）低弧线球

击球方向与地面夹角越小，球飞行至最高点后下落的距离越长，球体飞行速度就越快，比赛速度和节奏随之加快。实战时低弧线球主要用于控制反控制中，以有效地调动对手位置。弧线球弧线高低是关键，弧线过高，则击球速度和节奏放慢，达不到战术目的；弧线过低，则易被对手拦截，击球速度和节奏加快，主动变为被动。击球弧线以使对手从中场位置起跳拦截不了为宜。

（三）向下飞行弧线球

球体在空中运行轨迹没有抛物线，球体飞行距离最短，速度和节奏也最快。实战运用中，击向下飞行弧线球，如击球带有抛物曲线，则击球节奏放慢，战术效果不好。

（四）平行飞行弧线球

球体在空中运行略有一定曲线，但弧线较低，飞行距离长，速度较快。实战运用中，击平行飞行弧线球应防止飞行弧线过高，使得对手回击球时占据主动，击球威胁加大。

选手在比赛中应综合考虑以上因素，以控制和调节比赛的速度和节奏。

三、击球落点

击球落点是指将球击向对方场区的位置点。击球落点质量的高低以击球深远度来衡量。击球深远度是指击球落点相对于场地边沿和球网的远近程度。击球落点距离边线越近，表示击球越深远，调动对手范围越大，越能增加对手击球的难度，战术效果越好；相反，击球落点距离边线越远，表示击球质量不好，调动对手范围小，对手击球比较容易，战术效果不好。

（一）击后场球

落点越深远，后场球战术效果越好。如果落点距离端线太远，则击后场球质量不高，战术效果不好。

（二）击前场球

落点越靠近球网，表明击球落点距离场地中心位置越深远，战术效果越好。如果落点距离球网太远，则击前场球质量不高，战术效果不理想。

（三）击边线球

击球落点靠近边线，落点深远，战术效果好；反之，则战术效果不好。

以后场球为例，如击球不够深远，即所谓的"中半场球"，击出的球飞行落点在中场附近，则对手能在主动位置回击球，速度和节奏加快。击后场球落点越靠近边线和端线，击球方越有时间为还击下一个球做好准备，同时又能迫使对方远离场地中心位置，增加其击球难度，达到有效调动对方的目的。实战中击后场球必须击得深远，切忌击出不高不远的"半场球"，以免"送货上门"，迎合对手凌厉进攻的胃口。

四、击球拍面

击球拍面是指球拍与球托接触方式。羽毛球运动中，根据击球技术的不同要求，可采用正拍面和斜拍面方式击球。用正拍面击球，球体运行的速度快，力量大；用斜拍面击球，球体运行距离缩短。斜拍面摩擦切击球体，球体呈旋转翻滚的轨迹运行。

（一）正拍面击球

球拍与球托接触瞬间以正拍面击打球托，球拍面与球托的摩擦力小，击球力量大，球速快，如平高球、杀球和挑球等都以正拍面击球。用正拍面击打球托正面可击出直线球。

（二）斜拍面击球

球拍与球托接触瞬间以斜拍面击打球托，加大拍面与球体产生的摩擦力，通过控制击球力量，控制球体飞行的速度和距离，如吊球、劈球等都以斜拍面击球。

（三）斜拍面捻动切击球

以倾斜拍面捻动摩擦发力，切击球托的不同侧面，改变球体的运行轨迹，使球产生旋转，如网前搓小球就是以斜拍面捻动击打球托的不同部位使球体产生不同方向的旋转。

通过调整击球拍面和改变击球角度，可以击出不同方向、不同弧线和不同距离的球。

五、击球点与身体位置

击球点与身体位置是否合适直接关系到击球质量的高低。身体与击球点位置影响击球速度、方向。位置恰当，击球既省劲，力量又大，而且速度快，击球质量高；位置不恰当，击球既费劲，击球又乏力，而且速度慢，击球效果不好。

（一）击球点位置

击球点位置大致分为击球点靠前、击球点靠后、击球点高、击球点低、击球点靠右和击球点靠左几种。

1. **击球点靠前**

指击球点在身体前面。这种主动"迎击球"方式，缩短了回球距离，加快了击

球速度和节奏，击球角度灵活，击球范围大，变化多。但需注意，在过前的击球点击球，容易击球下网，或是"够不着球"，击球效果也不好。

2. 击球点靠后

指击球点在身体之后。这种被动击球方式，击球角度受限制，发力不充分，击球节奏放慢，影响击球质量。

3. 击球点高

指击球点在身体制高点。这种主动击球方式，击球角度灵活，击球方向变化多，威胁大。如后场杀球、吊球和前场扑球、封网等，击球点居高临下，角度垂直，对手必须从下往上被动回击。

4. 击球点低

指击球点距离身体太近（高手位球），或距离地面太近（低手位球），击球角度受到限制，只能向上击高弧线球，击球被动，如放网前小球、接杀球等。

5. 击球点靠右

指击球点靠身体右侧，正拍面击直线球容易，而击斜线球角度大，不易掌握。

6. 击球点靠左

指击球点靠身体左侧，反拍面击直线球容易，而击斜线球角度大，不易掌握。

（二）影响最佳击球点的因素

运动中击球点的选择除受对方来球质量的限制外，还受以下几方面因素的影响。

1. 判断与起动

判断准确和起动反应快是获得最佳击球点的前提。运动中争取判断准、起动快，可为步法快速移动创造条件。

2. 步法移动

步法移动速度快和移动范围大是获得最佳击球点的基础。有了准确的判断和迅速的起动，加上快速的大范围步法移动，使身体赶在球体运行下落前到位，就能取得较好的击球点。

3. 出手快慢

到达击球位置后，应掌握适当的时机引拍击球。若出手快（即动手引拍早），击球点高，发力充分，击球主动，则效果好；若出手慢（即动手引拍晚），击球点低，发力不充分，击球速度慢，则击球质量不好。但也应注意，如果出手太早，球还未下落就开始引拍，击球点就会不准。以后场球为例，恰当的出手时间是，球体刚调头下落时，开始出手引拍，当球体下落到最佳击球点时，正好挥臂击中球托，发力最佳。

4. 引拍挥臂速度

引拍挥臂速度的快慢，也对能否获得最佳击球点产生影响。挥臂迅速快，爆发力强，往往能获得最佳击球时间和空间，击球干脆完整；挥臂速度慢，没有爆发力，往往会错过最佳击球点，影响击球质量。

六、球体旋转的特点

前场搓球技术是羽毛球运动击球技术中唯一能使球体产生旋转、改变飞行轨迹的击球技术。这种球体运行轨迹不规则的球，产生左、右、上、下旋转，影响回击球的方向和稳定性。

（一）影响球体旋转的因素

1. 击球拍面角度

根据来球距离的远近，调整拍面击球角度。来球离网太远，击球拍面应前倾，以斜拍面搓击球托；来球距离球网很近，击球拍面倾斜角度加大，以近似水平拍面向前搓捻切击球托。

2. 击中球托的部位

以反手搓球为例，若向下切击球托左侧部位，则球体会向下旋转；若向上切击球托右侧位置，则球体呈上旋飞行。

3. 击球力量

旋转球产生于摩擦击球，拍面与球体摩擦过度，击球力量过小，致使球体原地旋转，难以向前运行过网；如果击球力量过大，球体难以在拍面上形成一定的黏滞、揉搓状态，则球体不易产生旋转。

（二）应付旋转球的方法

1. 缩短击球时间

回击旋转球的击球时间越短，击球方向偏离的可能性越小。而球托与球拍面接触时间越长，越不易控制回球的方向。比赛过程中，最佳处理方法是争取较高的击球点，由上向下，用小而快的发力动作，缩短击球时间，往对方场区拨击飞行中的旋转球。

2. 找准击球位置

旋转球的特点是球体呈左、右、上、下旋转运行，容易使击球托偏离或未击中球托，击球方向容易偏离球场，造成失误。因此，在球体运行过程中，看准球托方向，找准击球位置，选择在球托下落"相对正方向"时出手，以反搓小球回击，尽量减少出界失误概率。

3. 加快击球速度

当旋转小球距离球网很近，我方又未能争取到较高击球点时，应用挑高球还击，击球时加快速度，加大拍面仰角，往对方场区中线位置挑高球，以减少出界的概率。

第三章
羽毛球基本战术

第一节 羽毛球战术基本释义

一、概念

羽毛球战术，是指根据羽毛球专项运动的竞赛规则，为战胜对手或取得理想成绩而采取的各种谋略和行动的总称。谋略是指赛前的预谋和临场的策略，行动是指贯彻赛前预谋和临场策略的行为方式。

羽毛球战术是选手在比赛中为争取胜利，充分发挥自己的竞技水平，根据对手的技术特点、体力和心理素质等情况采取的对策。羽毛球比赛中得分或失分，看起来似乎是通过某一技术动作而实现的，其实比赛中的任何一项技术行动都是在战术意识的支配下完成的。羽毛球比赛突出的特点，就是比赛双方始终围绕着限制与反限制展开激烈争夺。为了争取主动，比赛双方总是一方面尽可能地充分发挥自己的优势，设法弥补自己的弱点；另一方面尽力限制对方特长的发挥，并诱使对方暴露弱点，随即发起攻击，从而制胜。羽毛球比赛的魅力体现在这种进攻与防守、控制与反控制的意志、心理、技术、战术和体能的较量中。比赛中，在双方实力相当的情况下，正确地运用战术，适时地抓住战机，对获得比赛的最后胜利具有极其重要的意义。

二、战术基本分类

运动战术的分类多种多样，按参赛人数分类，可分为个人战术和集体战术；按攻防性质分类，可分进攻战术、防守战术和相持战术；按战术表现特点分类，可分阵地战术、体力分配战术及心理战术等。羽毛球战术一般有如下分类。

（一）按参赛人数分类

单打战术，是指羽毛球单打比赛中所完成的战术。

双打战术，是指赛场同队所有运动员按统一战术方案所进行的战术。

（二）按攻防性质分类

进攻战术，是指利用机会，通过个人或集体配合，向对手发动进攻所组成的战术。

防守战术，是由个人或集体协同采取的阻碍或破坏对手进攻的战术。

第二节　基本战术

一、单打基本战术

战术运用与选手个人打法特点密切相关。打法可以说是选手的技术风格，由选手的技术特点和身体条件决定。身材高大、进攻速度快和力量好的选手，适合选择下压进攻控制网前或突击进攻打法；而速度和力量不足，身材不是太高大，但步法灵活、速度耐力好的选手，通常采用守中反攻或拉吊突击的打法。总之，要在自身技术特点和身体条件的基础上，依据对手的实际情况，适时合理地运用战术，把握场上的主动权。

单打基本战术主要有发球抢攻战术、拉吊突击进攻战术、守中反攻战术、下压进攻控制网前战术和压底线战术。

（一）发球抢攻战术

根据对方的站位、反击能力、接发球路线和当时的思想状态等情况，有目的、有意识地采用多变的发球方式，争取由发球开始就掌握场上的主动权，为自己创造进攻机会。这种战术用于对付经验不足和防守能力较弱的选手比较有效。特别是当比赛进入关键时刻，比分出现相持状况，通过打破常规，突然改变发球方式形成发球抢攻之势，陷对手于被动，可有效地打破僵局。

该战术中可发高远球，因为高远球在空中的飞行时间长、距离远，可以有效地

将对手从中心位置调至底线位置，使其不便直接发动强攻。如对手后场击球失误较多，不善于接又高又远、垂直下落的高远球时，就要坚持多发高远球。

运用发球抢攻战术时，应注意观察对方接发球的注意力。当对方注意力高度集中时，可适当放缓发球时间，待对方注意力的"最佳点"下降后再将球发出。若对方接发球注意力不太集中，则可立即发球，使其接发球被动。同时，还要注意发球的落点及出球的弧线要合理。

（二）拉吊突击进攻（四方球）战术

这种战术是利用快速的平高球、吊球、杀球和网前搓、推、勾球，准确地将球击到对方场区的后场底线两角和前场网前两角这四个点上。方法是通过多拍快速拉开调动对方，使其前后左右来回大范围地奔跑，在双方控制与反控制较量过程中，一旦对方出现回球质量不高或偏离中心位置时，我方即可抓住机会，寻其空当突击进攻。因此，运用这种战术时，击球的落点角度要大，速度要快，充分调动对方，使其最大限度地移动，抓住机会球进行快速突击，以取得较好的战术效果。

根据对手的特点，可采用不同的拉吊路线。如果对方的灵活性较差，跑动、转动较慢，那么拉吊时可多采用小对角线球路，加大对方接球的难度，迫使其因身体重心不稳而失误。例如，对手在反手网前勾对角球后，正手后场往往会出现空当，此时似乎应推直线（因为位置距离最远）。然而，如果此时运用推对角线后场，距离虽然看起来近一些，但对方击球时需要小对角转动身体，用头顶击球，这对于身体灵活性较差和跑动、转动慢的选手来说，就加大了移动难度，接球也就更困难。

如果对方是步法好、身体较灵活且移动速度快的选手，其出球后回中心位置很快，则应选择重复路线的球，或使用假动作以破坏其步法起动节奏，增加其回球难度，使其起动、移动不舒畅，以打乱其前后场快速移动的优势。

如果对手步法移动慢，则可采用快速拉前、后场大对角路线的战术。即通过快速拉开调动对方，迫使对方出现空当，伺机突击。

（三）守中反攻战术

如果我方的防守能力好，足以抵挡对方的进攻，而对方又喜好盲目进攻且体力又差，这种情况下可选用守中反攻战术。这是一种后发制人的战术。通过先将各种来球回击至对方后场，以诱使对方发起进攻，在对方只顾进攻而疏于防守时，我方即可采取突击反攻，或当对方疲于进攻、体力耗尽、速度减慢时我方再发起进攻。其方法是通过高球、推球和适当的吊球、搓球、勾球等球路变化，与对方展开持久的抗衡，诱使其急躁，造成失误，或当对手陷于被动、进攻质量稍差时，我方即抓住有利时机进行反攻。

（四）下压进攻控制网前战术

这种战术是先发制人，以快速、凶狠、凌厉的进攻，从速度和力量上压住对方，速战速决。其方法是先以速度、力量不同的吊球、劈球、点杀球、轻杀球、重杀球将球下压，创造机会上网，以搓、推、勾球控制网前，将对方的注意力吸引至网前，再配合以平高球突击对方底线，创造中后场的进攻机会，再全力发起进攻。这种战术对付身材高大、步法移动慢、网前出手慢和接下手球吃力的选手较有效。

通常可以直线长杀、对角点杀和劈杀上网搓、推、勾控制网前，或通过中后场的重杀、轻杀创造网前机会，上网控制。实战中，当来球质量不高，在中后半场时，我方应采用重杀。如对方来球质量很好，可采用轻杀，以保持较好的身体重心，目的是下一拍控制网前。

（五）压底线战术

反复用快速的高球、平高球、推球击至对方底线附近，特别是对方反手后场区域，造成对方被动，当其注意力集中在后场时，再以快吊或突击点杀进攻其前场空当。此战术对付初学羽毛球的选手较有效，因为初学者一般技术不熟练，特别是反手后场的还击能力差，进攻后场往往容易奏效。

二、双打基本战术

（一）攻中路战术

当对方在防守状态下左右分边站位时，我方进攻要尽可能把球攻到对方两人之间的中场空当区域，造成对方抢击球发生碰撞，或相互让球出现漏接失误。这是对付配合不默契对手的有效战术。

攻半场战术是攻中路战术的另一种形式，当对方处于进攻状态下两人前后站位时，可将球回击到其中场两人前后之间的靠近边线位置上，这样也能造成对方抢接或漏接。

（二）攻人战术

如对方两人中有一人技术水平稍差，就集中力量盯住弱者打，不让他有调整的机会，这叫作攻人战术。运用这种战术时，如果对方已经意识到我方的战术意图，加强了对弱者一方的保护，可采用先盯住技术水平差者攻几拍，然后突然攻技术水平强者。由于强者为保护弱者，已将注意力集中在弱者身上，此时再突然转攻强者

反而容易奏效。

攻人战术也可采用先集中力量对付技术水平较高者，消耗其体力，削弱其战斗力，然后再伺机进攻技术水平较差者，或采用突击其空当的战术。总之，战术的运用不是一成不变的，必须根据当时的情形，灵活运用方能奏效。

（三）后杀前封战术

这是双打中最常见的进攻战术。当处于主动状态进行强攻时，一名选手在后场大力杀球进攻，另一名选手在网前努力封堵对方回击的球。后场选手进攻时要注意攻球的落点位置，前场选手封网应根据对手回球习惯，积极、有意识、有准备地封堵对方的出球路线，避免消极地等待。一般情况下，当后场选手杀大对角线、中路、小斜线球或采用攻人战术时，前场封网选手都应将判断来球的重点放在封住对方的直线球上。

（四）守中反攻战术

这是对付后场进攻能力差或是为消耗对方体力而采用的一种后发制人的战术。通过拉后场底线两角诱使对方在左右移动中进攻，我方通过防守，伺机进行反攻。运用这种战术的前提条件是必须具备一定的防守能力，能守住对方的进攻，才能有反攻的机会。

（五）软硬结合战术

通过吊网前或推半场等球路，使球向下飞行，创造机会，迫使对方起高球，被动防守。进攻过程中，如不能成功，可再通过轻吊网前或推击半场等球路，待对方挑球质量不高时再发起进攻。运用这种战术时，进攻的对象通常是对方上网接球、处于匆忙后退的那名选手。

在对方防守位置很好、回球质量很高的情况下，组织进攻应采用以打落点为主的软杀、点杀技术，以直线小对角路线杀球、大对角斜线进攻创造机会，迫使对方回球质量不高，再做大力扣杀强攻。

第三节 单、双打战术运用

一、单打战术运用

（一）发球战术

1. 发球落点

我们将发球的有效区域划分为四个位置（图 3-1）。

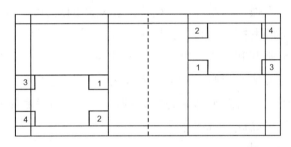

图 3-1 发球落点分布

① 将球发至 4 号位，便于拉开对方位置，下一拍可将对方调动至对角线网前。发这个位置的球要注意对手回击直线平高球进攻我方左后场，即后场反手区域。

② 将球发至 3 号位，可限制对方以快速直线平高球攻击我方后场左边线位置，因为中线的出球角度要较边线小一些，出球需经过我方的中心位置才能到达两边线，便于有时间准备第三拍球。

③ 将球发至 1 号位，对方出球角度小，便于判断对方的出球方向，容易回击对方推至我方后场的球。

④ 将球发至 2 号位，特别是右场区 2 号位，容易回击至我方反手后场；发在左场区 2 号位，有利于我方下一拍攻击对方左后场反手区域。

⑤ 发 1、2 号位之间的前场中路小球或称"追身球"效果不错。追身球是用发网前小球的动作，但击球力量稍大一些，是直冲对方身上去的一种球。其战术特点有两个方面：一方面是突然性强，因为在对方没有防备的情况下发这种小球比发一般网前小球速度要快，通常会使对方措手不及，造成接发球被动；另一方面是稳定性强，发中路球直冲对方身上，比较稳妥，能减少发球出边线的失误，命中率高。

2. 发球战术运用

(1) 视对方接发球站位决定发球路线。

对方接发球站位偏后,注意力在后场,网前出现空当,这时我方就应发网前小球。

对方接发球站位靠前,接发球注意力在前场,后场出现空当,此时就可以发后场球。

对方接发球站位靠近场地边线,可采用突然性很强的平射球袭击对方的3号位置,使其措手不及,回球失误。发平射球速度快且弧线平,对方接发球若想吊前场小球,不易控制力量,可能性不大。对方也没有时间和空间条件居高向下大力杀球。因此,发平射球后防范的重点可在中场平快球和后场球上。但此种发球战术不可一味地运用,要与其他种类的发球方法结合使用,并加强线路变化,才能取得较好的效果。

(2) 视对方的技术特长和接发球规律发球。

对付后场进攻能力强、球路刁钻、前场球相对弱的对方,可以发网前小球为主,限制其后场进攻优势的发挥。如果对方网前技术动作一致性强,出手变化多,威胁大,那么发球时就应避开其优势,以多发后场球为主。

了解并掌握了对方接发球规律,可投其所好,有针对性地利用不同战术。如对方接发后场高球习惯以压直线平高球为主,则可有意采用发后场高球,然后注意去阻击其接发球压直线平高球的习惯球路。

(3) 视对方心态发球。

突然改变发球方向。发现对方接发球急躁,跃跃欲试想扑封网前球时,可摆出欲发前场小球的姿势,在击球瞬间突然改发后场平高球,这样抢攻效果较好。

以身体形态或表情迷惑对手。发球时,故意显出犹豫不决或漫不经心的姿态,给对手一定的假象,再以突然的发球动作,陷对手于被动。也就是说,通过一定的假象迷惑、打乱对方接发球。

3. 接发球战术运用

比赛中,发球方总是想方设法地利用多变的发球来增加接发球方接发球的难度,以争取主动。接发球方也总是想尽一切办法做好充分的准备,来还击对方的发球,以求后发制人,不让发球方的意图得逞。

接发球是后发制人,须待判断出对方出球方向后才能进行接发球,且规则规定,如果接发球失误,发球就得分,接发球队员心理承受的负担比发球队员要大,因此,接发球队员要沉得住气。准确恰当地发球虽能增加接发球的困难,但积极主动、有针对性地接好发球同样也能得分。这就要求接发球队员在做好充分准备的前提下积极、主动地接发球。

为避免无意识地被动接发球,同样应利用对方短暂的捡球空隙来思考如何高效地接发球，可以从以下几方面考虑。

① 观察场上局势，从对方身体姿势和表情等方面来观察其心态。

② 思考上一回合比赛双方战术的优劣，决定此回合从接发球开始的战术。

③ 回顾对方前几次发球的战术意图。

④ 判断对方可能采取的发球策略。

⑤ 根据以上几方面的情况，做到有意识、有目的地接发球。

（二）单打进攻战术

1. 发球抢攻战术运用

发球抢攻战术通常由发网前球、发平高球和发平射球三种发球技术来实现。因此，在运用发球抢攻战术时，一定要根据对方的站位、反击能力、惯用技术和球路及当时的思想状态等情况选择不同的发球方法来组织发球抢攻。如果发球抢攻战术运用合理的话，就可以有效地打乱对方的整个部署，造成对方措手不及。尤其是在比赛的关键时刻，发球抢攻战术的运用往往会起到意想不到的效果。但是，发球抢攻战术不能频繁重复使用，必须要与发后场高远球结合起来，将对方的注意力转移到处理后场高球上，此时再以发球抢攻战术突袭对方，才会收到较好的战术效果。

（1）发网前球抢攻。

在发网前球时，球的落点一般有三个区域可供选择（图3-1）：1号位、2号位和1、2号位之间区域。一般情况下，主要以发1、2号位之间区域的球和追身球为主，相对而言，发1、2号位之间区域的球比较稳妥，球不会出边线，发球失误率低；而发追身球，由于在发球时的击球力量稍大一些，球又是直冲对方身体去的，容易使对方来不及处理，以至于出现接发球失误。所以在运用发网前球抢攻战术时，如果能够发出质量较高的网前球，就能够积极有效地限制对方马上进行的攻击，同时还可以通过准确、有意识地判断对方的回击球路，组织和发动快速且强有力的抢攻，从而直接得分或获得第二次攻击的机会。

（2）发平高球抢攻。

在发平高球抢攻时，球的落点有三个区域可供选择：3号位、4号位和3、4号位之间区域。由于球飞行弧度不高，球速相对较快，如果能与发网前球结合起来使用，则可以增加接发球方接发球的难度。发平高球抢攻与发网前球抢攻在实战中运用的区别在于，发网前球抢攻可以通过发球直接抓住战机进行抢攻，而发平高球抢攻需要通过守中反攻的过程才能获得抢攻的机会。因此，在战术运用中发平高球的目的，一是配合发网前球抢攻；二是让对手盲目进攻或对手的进攻是在发球方的控制范围之内，这样发球方就能够达到从防守快速转入进攻的目的；三是能够造成对方在接发球时由于失去控制而直接失误。

（3）发平射球抢攻。

在发平射球抢攻时，球的落点主要选择在 3 号位置区域。发平射球是在发球方有准备而接发球方无准备的情况下，以快速、突变的发球立即使接发球方陷于被动。这种发球的目的，一是为了偷袭，如对方反应慢，或站位偏边线时，使得 3 号位区域的空隙较大，通过发平射球进行抢攻往往成功率较高；二是有意识地逼对方进行平抽快打，同时又有效地避免对方在平抽快打中以快速的平高球攻击我方边线两角，因为在中线的击球角度要比两边线小一些，球途经的路线需经过我方的中心位置才能到达两边线；三是把对方逼至后场区，造成网前区域空当，然后突袭网前。

2. 平高球战术运用

（1）重复平高球进攻。

这种单项技术进攻是通过重复平高球来进攻对方的同一个后场区域，甚至是连续重复数拍，以求达到置对方于死地或逼对方击出半场高球，以利于我方进行最后一击。这种进攻战术对付回动上网快、控制底线球能力差及侧身步法差的选手很容易奏效。

（2）拉开两边平高球进攻。

这种单项技术进攻是运用平高球或挑球技术连续攻击对方两边后场底线，以获得主动权；或逼对方采用被动技术还击，以利于我方进行最后一击。这种进攻战术对击球方控制高球的出手速度、击球的准确性和动作的一致性等方面的要求比较高，对付回动上网快、两底线攻击能力较弱的选手效果明显。

3. 吊球战术运用

（1）重复吊球。

这种单项技术进攻是通过重复吊两边或吊一点，以求获得攻击的主动权。这种进攻战术对进攻方吊球技术的要求较高，吊球时能够运用假动作，并保持吊球假动作与吊球动作的一致性。可以用于对付上网步法差，或是打底线球不到位，又急于后退去防守我方杀球的选手。

（2）慢吊与快吊。

所谓慢吊，是指球从后场吊球至网前的速度较慢、弧度较大、落点离网较近的一种近网吊球，也称为软吊。采用慢吊技术进攻，最好与平高球技术相结合，可以达到拉开对方站位的目的，有时还可以直接得分。快吊则是指球从后场吊球至网前的速度较快、出球基本成一直线、落点离网较远的一种远网吊球，也称为劈吊。这是在对方站位被拉开而身体重心失去控制的一瞬间所采用的一种进攻战术。

4. 杀球战术运用

（1）重复杀球。

如果对方在防守时习惯运用反拉后场球技术，那么我方可采用重复杀球进攻战术。运用这种进攻战术时，首先要了解对方的这一习惯特点，运用轻杀或短杀组织进攻，同时在杀球后不能急于上网，需要及时调整好自己的站位，以利于完成连续重复杀球的进攻。

（2）长杀与短杀结合。

长杀是指杀球时把球的落点杀到对方双打后发球线附近；短杀则是指杀球时把球的落点杀到中场附近。在进行杀球时，有意识地将球的落点进行变化，组织"直线长杀，对角短杀"的进攻。这种进攻相对于无落点变化的杀球或者"直线短杀，对角长杀"而言，效果会更好，因为直线长杀结合对角短杀的进攻可以造成对方在接杀球时需要移动的距离比较远，加大了防守的难度。

（3）重杀与轻杀结合。

半场重杀、后场轻杀就是这一进攻战术的概括。当我方通过拉吊创造出半场球的机会时，应该采用重杀战术。反之，球在后场，我方还想杀球时，一般多轻杀。因为半场球用重杀，哪怕是身体失去重心，也不至于造成控制不了网前的局面，但是，如果在后场重杀，万一身体失去重心，上网慢了就控制不住网前了，而轻杀可使自己保持较好的身体重心位置，利于下一步控制网前。

5. 网前战术运用

（1）搓球战术运用。

当发现对方往往是通过上网搓球而获得抢攻机会，然后在上网搓球后迅速后退去进行抢攻时，就可以运用重复搓球技术作为进攻的手段，以达到获得主动的机会及破坏对方后退进攻的意图。

（2）勾对角线球战术运用。

勾对角线球这种单项技术用来对直线移动速度较快但身体的转动和灵活性较差的大个子，或者企图以网前搓球获得抢攻机会的选手是积极有效的。它主要是通过勾两边对角球来阻挠和破坏对方组织的进攻。例如，我方在网前勾一对角线网前球，对方回搓一直线网前球并退后想进攻时，我方可以通过再勾一对角线网前球来阻挠和破坏对方组织的进攻机会。

（3）推球战术运用。

如果遇到的是上网快、后退差，或者习惯迅速回动至球场中心位置的选手，都可以运用重复推球技术进攻来对付。因为第一种选手一般情况下控制网前球的能力比较强，而控制后场底线的能力相对弱一些，所以应把这类选手先引到网前，然后再运用重复推球技术进攻两底线；而第二种选手想通过迅速回动至球场中心位置以保持对前场和后场区域的兼顾，所以通过重复推球技术进攻，逼迫对方兼顾不周而造成顾此失彼。例如，当发现对方从后场拦网前球之后迅速朝球场中心位置回动的时候，就可运用重复推球技术进攻抑制对方。

6. 组合战术运用

（1）以平高球组织进攻。

以平高球开始组织的进攻实际上就是我们平常所说的快拉快吊结合突击的打法。

在单打比赛中，以平高球开始组织进攻，首先，要求进攻的发动者必须具备较好的平高球控制能力，并且有一定的防守对方进攻的能力；其次，对方后场进攻能力不是太强，不是一个抢攻型队员；最后，对方的步法移动有弱点，通过高吊可以控制对方，这样在实施的过程中会取得比较满意的效果。

（2）以吊杀控制网前组织进攻。

以吊杀控制网前组织的进攻有吊上网搓创造突击进攻、吊上网推创造突击进攻、吊上网勾创造进攻、吊杀进攻等多种形式。采用这种战术进攻的条件，首先要有较好的吊球（劈吊球）技术；其次是对方上网能力较弱，但后场进攻威力很强。因此，为了扬长避短、限制对方优势的发挥，在实战中通过运用吊杀技术控制网前，然后寻找突击进攻的机会。

（3）以杀劈组织进攻。

以杀劈开始组织的进攻，是通过快速杀劈，然后迅速上网搓或推、勾、扑控制网前球，创造出第二次杀劈机会。采用这种战术的运动员，必须具备良好的速度耐力、较好的杀劈上网和控制网前球的技术与步法，只要有机会就杀劈和以平高球技术开始组织进攻。

7. 线路运用

（1）对角线路的进攻。

对角线路的进攻就是在回球的时候不论采用何种战术，都以击对角线来组织进攻。例如，在对方打直线球的时候，就以对角线路球回击；如果对方打斜线球，我方还回对角线路球。当然采用这种战术进攻的时候不能过于死板，以免对方发现我方的回球规律，造成不利于我方的进攻局面。

（2）三角线路的进攻。

三角线路的进攻就是当对方打直线球的时候，我方就以斜线球还击；如果对方打斜线球，我方就回直线球。这种三角线路进攻的特点是，可以使对方移动的距离最长，难度加大。只要能准确地判断对方的回球，然后采用三角线路组织进攻，就是一种卓有成效的进攻战术。

（三）单打防守战术

在实战中，单打防守战术的运用是在我方被动的情况下，试图通过调整战术打法以达到减弱对方进攻，夺回失去的主动权所进行的有组织、有目的的一种战术。这种战术必须建立在具备较好的防守能力，如很好的回击后场高远球的能力、起动反应快、步法到位、有较好的被动挡底线的能力、勾斜线球的能力、挡和反抽球的能力等，才能得以实现。这种防守战术的运用不是一味地消极防守，而是采用积极的并且带有进攻性的防守，在防守中伺机寻找反攻的机会，达到瓦解对手、战胜对方的目的。

1. 后场底线高远球防守运用

这一防守战术是通过高远球把球打到对方两后场底角，以达到减弱对方进攻、夺回失去的主动权或消耗对方体力而采用的一种有组织、有目的的行动。采用这一战术进行防守时要求只能使用高远球，不能使用平高球。高远球是作为防守时使用的技术，而平高球则是进攻时使用的技术。在防守的时候如果使用平高球打对方两后场底角，不但达不到很好的防守目的，反而会加大防守的难度，所以利用两后场底角高远球组织防守战术的时候，一要注意回球的弧线和落点，二要有耐心，不急躁。通过积极防守，伺机寻找守中反攻的机会。

2. 网前结合及半场球运用

在防守中运用网前勾斜线是很有效的战术。如果网前勾斜线再结合挡直线网前或半场球的话，就会使防守战术更加灵活多变，给对方构成的威胁会更大。运用这种防守战术，要求运动员能够准确地判断对方进攻的落点，反应快，起动快，移动到位，并具有灵活多变的手法，打出挡直线及勾斜线球，达到守中反攻的目的。

二、双打战术运用

规则规定，双打除发球和接发球外，运动员不受击球次数和击球方位的限制。双打场地宽度比单打场地宽度仅增加 92 厘米，发球、接发球区域的前后距离还比单打缩短 76 厘米。因此，双打比赛从发球开始就形成了较单打更平、快、近的短兵相接局面。在快速对抗中，两人在技术和战术攻守衔接、站位及跑动轮转等方面都要协调一致，默契配合，形同一人，才能打好双打。为了避免两人由于分工不妥、配合不默契造成的互相抢球或退让漏接等现象，应遵循双打基本的站位、分工及换位要求。

（一）发球与接发球站位

1. 发球站位

（1）发球员站位。

发球员一般在前发球线后且靠近中线处站立准备发球。

（2）发球员同伴站位。

一般情况下，发球员的同伴大概在发球员身后、球场中心位置偏后一步，双脚骑跨中线站立。但也可以根据当时的战术需要和自己的特点，如自己反手比较差，就可以偏反手区站位多一些。

2. 接发球站位

（1）接发球员站位。

对业余选手而言，接发球员一般站在离前发球线 30~50 厘米处，能兼顾到接发球区的前、后、左、右四个角来球的位置上，持拍手的举拍准备动作稍高于单打位置；而一些高水平的运动员则站在靠近前发球线的位置准备接发球，目的是在网前争取高的击球点。

（2）接发球员同伴站位。

当接发球员站在右半场区准备接发球时，其同伴的站位应在左半场区的中后场靠近中线附近位置处；如果对方发网前球，接发球员在接球后回放网前球，这时他应负责网前区域的防守，并随时准备封网，而其同伴须稍向右半区移动一点负责整个后场区域的防守；如果对方发后场球，接发球员向后移动接发球，其同伴应迅速向前移动负责前场区域的防守，而接发球员在接发球后则留在后场，负责后场区域的防守；如果接发球员是在左半区接发球，其同伴应站在右半区的中后场靠近中线附近处站立。

3. 发接发（第三拍）取位

（1）发网前球取位（图 3-2）。

"▲"从右场区把球发到对方场区 1 号位，或发到 1 号和 2 号位之间区域，在发球后"▲"应该注意接前场区的来球（图中阴影部分），包括对方打来的左右两边网前和半场左右的球；"△"则注意还击后半场区域的来球（图中阴影以外部分）。

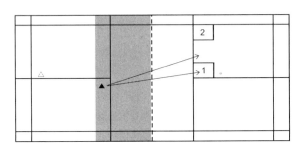

图 3-2 发网前球取位 1

"▲"从右场区把球发到对方右场区 2 号位时，发球后"▲"应注意接发对方打来的左场区和右场区网前球，同时还要注意封好对方打过来的直线半场球，也就是"▲"的左场区半场边线上的球。如图 3-3 所示，"▲"防守的区域为图中阴影部分，场区的其他部分由"△"负责防守。

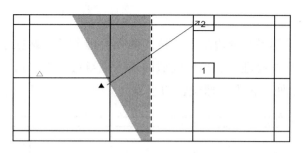

图 3-3 发网前球取位 2

（2）发后场球取位（图 3-4）。

"▲"从右场区把球发到对方右场区 3 号位或 4 号位，在发球后"▲"应马上退到右半场区的中心位置，负责回击对方打到自己右场区的任何来球；在"▲"将球发出的时候，其同伴"△"也由开始站在"▲"身后的位置迅速移动到自己左场区的中间位置，负责还击对方打到左场区的任何来球（包括高球、吊球、杀球等）。如果"▲"在发球后能够准确地判断对方的接发球是吊球，这时"▲"可以立即上网进行还击，包括左场区和右场区的来球。

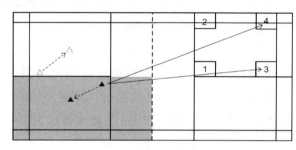

图 3-4 发后场球取位

（二）比赛站位

1. 进攻站位（图 3-5）

两人前后场合理分开，前场选手的站位在前场发球线附近，负责处理前发球线与球网之间区域的来球。后场选手负责的区域较前场选手大一些，站在双打后发球线稍前的位置，负责处理中、后场大部分区域的来球。

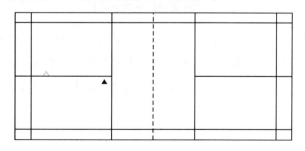

图 3-5 进攻站位

2. 防守站位（图 3-6）

双打防守时，采用平行分边防守站位。两人合理分开，站立于左右场区的中心位置，原则上各自负责处理自己半场区域的来球。当对方来球击至两人的结合部位（即中路球）时，由处于正手击球位置的选手负责回击。

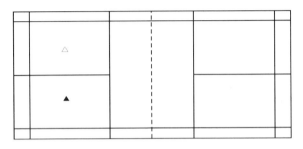

图 3-6　防守站位

3. 轮转站位

双打比赛双方对抗激烈，使得比赛进攻与防守不停地转换，不可能一方总是处于进攻或防守状态，所以站位就不能保持不变，必须随着防守与进攻进行相应的变化，这种变化不是盲目地变，而是遵循一定规律来进行的。

（1）进攻转防守。

前场由进攻转防守换位（图 3-7）：前后进攻站位时，当一名选手（图中的"▲"）被迫从网前挑高球后，应迅速沿直线后退至同侧半场的中心位置，准备防守。另一名选手（图中的"△"）应配合从后场向前补位至另一侧半场的中心位置，呈平行防守站位，由进攻转入准备防守。

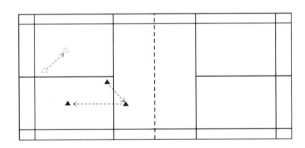

图 3-7　前场由进攻转防守换位

后场由进攻转防守换位（图 3-8）：前后进攻站位时，当后场选手（图中的"▲"）从后场起高球后，应向前回位至击球位置同侧的半场中心位置。另一名选手（图中的"△"）应迅速配合从前场退位至另一侧半场的中心位置，呈平行防守站位，准备防守。

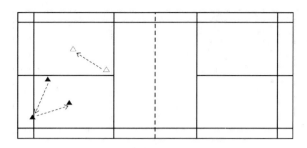

图 3-8 后场由进攻转防守换位

中场由进攻转防守换位（图 3-9）：前后进攻站位时，当后场选手（图中的"▲"）在中半场被迫起高球后，应退回一步至同侧半场中心位置。前场选手（图中的"△"）后退到另一侧保护空当，形成平行分边防守站位，准备防守。

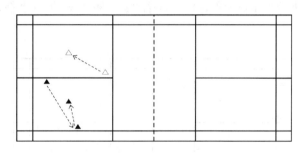

图 3-9 中场由进攻转防守换位

（2）防守转进攻。

由防守转进攻换位（图 3-10）：平行防守站位，"▲"在接吊球或接杀球主动回击网前小球后，应随球跟进移动至前场，准备封网。另一名选手"△"应迅速退至后场，形成前后进攻站位，准备进攻。

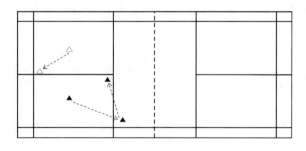

图 3-10 由防守转进攻换位

中场由防守转进攻换位（图 3-11）：平行防守站位，当对方击高球，选手"▲"后退以后场进攻球路回击。选手"△"应迅速移至前场，形成前后进攻队形。

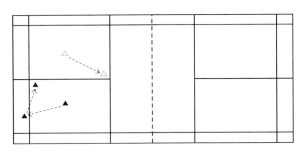

图 3-11　中场由防守转进攻换位

（3）进攻防直线。

前后站位进攻对角线后的取位（图 3-12）：在实战中，双打进攻中的前后站位要根据场上出球的线路灵活地选择。当后场选手"▲"以直线杀球进攻时，前场选手"△"应偏向进攻线路一侧取位，将注意力移向对方出直线球的区域，封住网前。

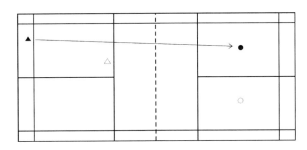

图 3-12　前后站位进攻对角线后的取位

进攻对角线后前场选手右前取位（图 3-13）：后场选手以对角线球路进攻时，前场选手要做相应的取位才能积极有效地封网。后场选手"▲"从左后场区以对角球路进攻对方的左场区时，前场选手"△"应稍向前场右区移动取位，将注意力放在对方回击直线球区域上。

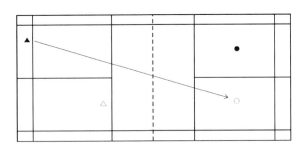

图 3-13　进攻对角线后前场选手右前取位

进攻对角线后前场选手左前取位（图 3-14）：后场选手"▲"从右后场区以对角线球路进攻对方的右场区时，前场选手"△"要稍向前场左区移动取位，将注意力放在对方回击直线球区域上。

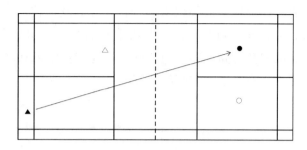

图 3-14 进攻对角线后前场选手左前取位

（4）结合部位配合。

前后进攻站位，当对方将球回击到两人前后之间的位置时（图 3-15 中阴影部分），后场选手应主动还击，因为他是正面对球，视线好，而前场选手要后退击球，视线不好。

平行防守站位，当对方将球攻至两人左右之间的位置时（图 3-16 中阴影部分），应由正拍面选手击球，因为他较反拍面者容易发力。

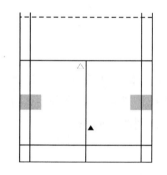

图 3-15 前后站位结合部位配合

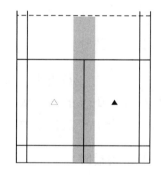

图 3-16 左右站位结合部位配合

第四节　比赛自我控制与调节

比赛，看起来是技术、战术、体能和心理的较量，实际上其核心是智能的较量。选手长年练习和准备的各方面技艺与才能，靠睿智将它们贯穿起来，扭成一股合力，并最终在临场实战中充分发挥，才能转换成优异成绩。

掌握了优异的运动才能，还要懂得如何去运用。优秀选手必须树立强烈的比赛意识，赛前针对比赛中可能出现的情况做积极、全面和认真的准备，比赛中保持清

醒头脑，善于观察对手的战术、心理变化，适时、合理地调整自己的战术对策，并以平常心态对待和克服比赛场上各种因素的干扰，充分发挥技术、战术水准，赛后则摆正自己的位置，分析比赛过程，总结和吸取经验教训，明确今后的努力方向。因此，在掌握技术、战术和提高身体素质的同时，还需要学习和增加这些方面的能力，并在平时的练习中注意对这些方面的锻炼。

一、心理自控

稳定的心理品质是正常发挥技术、战术的基础。有刺激就会有心理反应。心理稳定性的优劣，常常是比赛成败的关键。因此，心理与技术、战术和体能紧紧联系在一起，共同成为影响选手比赛成绩的重要因素。比赛中要有以下心理准备。

（一）比分领先时

赛场上形势千变万化，在比分领先的情况下，不能有任何放松或麻痹思想，要继续放开手脚，敢打敢拼，坚持运用行之有效的技术、战术，保持领先优势，一鼓作气将比赛进行到底。

（二）比分相持时

比赛中双方比分相持不下，要看谁的意志坚强，谁能够顶住压力并扬长避短，谁就能取得比赛的最后胜利。双方分数持平时，"稳"为第一，争取稳住局势，严防主动失误。在调动、反控制中，如有机会球出现，则要大胆出击。

（三）比分落后时

在比分落后的情况下，不能气馁或丧失斗志。哪怕只有百分之一获胜的希望，也要尽百分之百的努力去争取。即使输球，也要输得明白，通过较量，找出差距，发现问题，为以后的训练树立明确的目标和方向。

二、战术调整

（一）应变战术意识能力

首先，比赛中要积极贯彻赛前制订的战术方案，执行"以攻为主、积极防御"的战术思想。其次，在比赛中头脑要冷静、清醒，观察、分析和判断对手情况的能力要强，反应要快。该进攻时，坚决地组织进攻；该防守时，争取积极地防守转攻；该过渡时，创造和抓住取胜的时机。

（二）根据实际调整战术

根据赛场形势的变化，灵活运用比赛前准备的战术。如对方战术运用得当，我方频频失利，则应冷静观察，及时分析不利因素，调整我方战术。如我方局势处于主动状态，则表明战术得当，应坚决继续执行此战术。

（三）以己之长攻彼之短

无论采用何种战术，都应以自己的特长来攻击对方的薄弱之处。战术运用要灵活，再攻其弱点，这样效果才好。相反，如果我方的特长技术被对方注意了，就要采取迂回措施，暂时改变自己的打法，以摆脱对方在战术上的纠缠。

三、战术运用

（一）贯彻"稳"字当头

比赛中，无论是主动状态下还是被动状态下，要"稳"字当头，急于求成的击球意识，容易因对击球质量要求过高而将球击下网或将球打出边界，造成无谓的失误。谁能做到把出错的机会留给对手，谁就增加了自己获胜的机会。

（二）果断完成击球动作

减少主动失误，除了要有正确的击球意识外，击球时不能有任何杂念和顾虑，要大胆、果断地出手，完成整个动作。避免因担心失误而谨小慎微、过于保守、犹豫不决的现象，造成击球动作变样，影响击球效果。

（三）控制击球落点

击球到位的前提是步法到位，只有步法到位才能得到较好的击球点，保证击球动作顺利完成，有效控制击球的落点。因此，必须全力积极地准备，保持步法快速移动，并注意将步法的起动、回动节奏与击球的节奏配合好。

四、体能分配

羽毛球比赛采用三局两胜制，不受时间限制。在实力相当的比赛中体力消耗巨大。因此，选手良好的体能素质是承担激烈比赛的基础，比赛中合理分配体力是保证选手临场技术、战术水平充分发挥的重要因素。因此，比赛中应根据场上局势来调整体力分配。

第四章
羽毛球技术、战术教学训练方法

第一节 教学训练基本方法

一、分解训练法

分解训练法是指将完整的技术动作或战术配合过程合理地分成若干个环节或部分，分别进行训练的方法。运用分解训练法可集中精力完成专门的训练任务，加强主要技术动作和战术配合环节的训练，从而获得更好的训练效果。在技术动作或战术配合过程较为复杂，且运用完整训练法又不易使运动员直接掌握的情况下，或者技术动作、战术配合的某些环节需要较为细致的专门训练时，常采用分解训练法。

分解训练法的基本类型主要有四种，即单纯分解训练法、递进分解训练法、顺进分解训练法和逆进分解训练法（图4-1）。

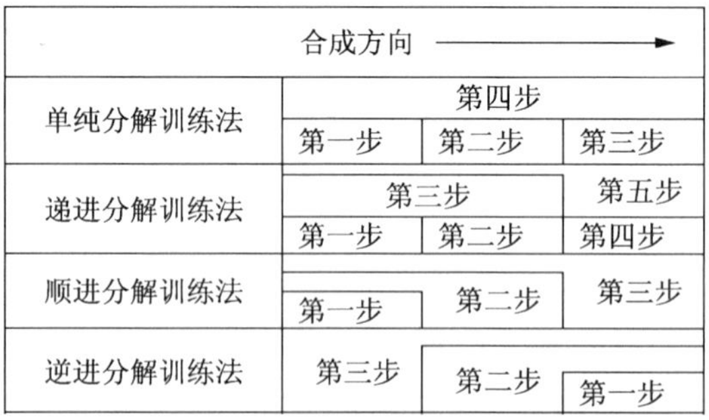

	合成方向 →		
单纯分解训练法	第四步		
	第一步	第二步	第三步
递进分解训练法	第三步		第五步
	第一步	第二步	第四步
顺进分解训练法	第一步	第二步	第三步
逆进分解训练法	第三步	第二步	第一步

图4-1 分解训练法基本类型

二、完整训练法

完整训练法是指从技术动作或战术配合的开始到结束，不分部分和环节，完整地进行练习的训练方法。运用完整训练法便于运动员完整地掌握技术动作或战术配合，保持技术动作或战术配合的完整结构和各个部分之间的内在联系。

完整训练法可用于单一动作的训练，也可用于多元动作的训练；可用于个人组合动作的训练，也可用于多人配合动作的训练。

用于单一动作的训练时，要注意各个动作环节之间的紧密联系，逐步提高训练的负荷强度，提高完整练习的质量。用于多元动作的训练时，在完成好各个单个动作的同时，要特别注意掌握多个动作之间的串联和衔接。

三、重复训练法

重复训练法是指多次重复同一练习，两次（组）练习之间安排相对充分休息的练习方法。

通过同一动作或同组动作的多次重复练习，不断强化运动条件反射的过程，有利于运动员掌握和巩固技术动作；通过相对稳定的负荷强度的多次刺激，可使机体尽快产生较高的适应性机制，有利于运动员发展和提高身体素质。构成重复训练法的主要因素有单次（组）练习的负荷量、负荷强度及每两次（组）练习之间的休息时间。休息方式通常采用肌肉按摩。

根据单次练习时间的长短，重复训练法可分为短时间重复训练方法、中时间重复训练方法和长时间重复训练方法三种类型。

四、间歇训练法

间歇训练法是指对练习过程组间间歇时间做出严格规定，使机体处于不完全恢复状态下反复进行训练的练习方法。实践证明：通过严格的间歇训练过程，可使运动员的心脏功能得到明显的增强；通过调节运动负荷的强度，可使机体各机能产生与有关运动项目相匹配的适应性变化；通过不同类型的间歇训练，可使糖酵解代谢供能能力或磷酸盐与糖酵解混合代谢的供能能力或糖酵解与有氧代谢混合供能能力或有氧代谢供能能力得以有效的发展和提高；通过严格控制间歇时间，有利于运动员在激烈对抗和复杂困难的比赛环境中稳定、巩固技术动作；通过较高心率负荷的刺激，可使机体抗乳酸能力得到提高，以确保运动员在保持较高强度的情况下具有持续运动的能力。

间歇训练法的基本类型主要分为三种：高强性间歇训练法、强化性间歇训练法和发展性间歇训练法。

五、持续训练法

持续训练法是指负荷强度较低、负荷时间较长、无间断地连续进行训练的练习方法。练习时，平均心率为每分钟 130~170 次。持续训练主要用于发展一般耐力素质，并有助于完善负荷强度不高但过程细腻的技术动作，可使机体运动机能在较长时间的负荷刺激下产生稳定的适应，内脏器官产生适应性的变化；可提高有氧代谢系统供能能力及该供能状态下有氧运动的强度；可为进一步提高无氧代谢能力及无氧工作强度奠定坚实的基础。

根据训练时持续时间的长短，持续训练法可分三种，即短时间持续训练法、中时间持续训练法和长时间持续训练法。

六、变换训练法

变换训练法是指对运动负荷练习内容、练习形式及其条件实施变换，以提高运动员的积极性、趣味性、适应性及应变能力的训练方法。变换训练法是根据运动项目实际比赛过程的复杂性、对抗过程的激烈程度、运动技术的变异性、运动战术的变化性、运动能力的多样性、中枢神经系统的灵活性等一般特性而提出的。运动员通过变换训练，机体产生与有关运动项目相匹配的适应性变化，不同运动素质、运动技术和运动战术得到系统训练和协调发展，承受专项比赛时不同运动负荷的能力和实际运用的应变能力得到提高。

根据变换的内容，变换训练法可分为三种，即负荷变换训练法、内容变换训练法和形式变换训练法。

七、循环训练法

循环训练法是指根据训练的具体任务，将若干练习手段设置为相应的若干个练习站（点），运动员按照既定顺序和路线，依次完成每站（点）练习任务的训练方法。运用循环训练法可有效激发训练情绪、累积负荷"痕迹"、交替刺激不同体位。循环训练法的结构因素有每站的练习内容、每站的运动负荷、练习站的安排顺序、练习站之间的间歇、每遍循环之间的练习的站数与循环练习的组数。运用循环训练法可以有效地调动不同层次和水平的运动员的训练情绪，提高其积极性，合理地增大运动训练过程的练习密度，随时根据具体情况加以调整。做到区别对待，可以防止局部负担过重，延缓疲劳的产生，并有利于身体全面训练。实践中，循环训练法中所说的"站"是练习点，如果一个循环内的站数中有若干个练习点是以一种无间歇方式衔接，那么这几个练习点的集合可称为练习"段"。因此，考虑循环练习的顺序时，有时应以练习"站"为单位，有时则应以练习"段"为单位。

根据各组练习之间间歇的负荷特征，循环训练法可分为三种，即循环重复训练法、循环间歇训练法和循环持续训练法。

八、比赛训练法

比赛训练法是指在近似、模拟或真实、严格的比赛条件下，按照比赛的规则和方式，以提高训练质量为目的的训练方法。比赛训练法是根据人类先天的竞争和表现意识、竞技能力形成过程的基本规律和适应原理、现代竞技运动的比赛规则等因素而提出的一种训练方法。

运用比赛训练法有助于运动员全面提高专项比赛所需要的体、技、战、心、智等各方面的竞技能力。

根据比赛性质，比赛训练法可分为四种，即教学性比赛训练法、模拟性比赛训练法、检查性比赛训练法和适应性比赛训练法。

第二节 技术、战术教学训练要求

一、由易到难、由简到繁

技术、战术教学训练的内容应根据选手的实际情况来确定，内容恰当才能提高学生的兴趣，过易或过难、安排不恰当等，都会影响学生学习的信心和积极性。对于一项技术动作的掌握，通常要经过以下四个阶段。

（一）泛化阶段

泛化阶段是学习技术动作的初始阶段，学生多表现为上下肢动作僵硬和配合不协调、击球不准、多余动作消耗体能等。这一阶段的教学应降低难度，教师先将完整技术动作分解为局部动作，让学生熟悉、体会并模仿动作，进行反复多次的无球挥拍练习，形成初步的正确动作动力定型，再上场进行定点定位的固定、半固定等

简单线路的练习,巩固正确动作。

(二)分化阶段

随着多余动作的逐渐消失,对技术动作要领的进一步掌握,在学生独立完成系列动作的基础上,教师要加强学生对正确、错误动作的认识,对学生练习中反复出现的错误技术动作及时进行纠正,培养学生积极的击球意识,并在基本技术练习中学习运用基本战术。

(三)巩固阶段

此阶段学生已掌握正确的技术动作,上下肢协调用力,动作稳定。这时的教学训练应进一步树立正确的技术概念,增强战术意识,加大击球难度,将已掌握的基本技术进行复杂组合,在实战中灵活运用。

(四)定型阶段

学生此时处于熟练掌握和灵活运用基本技术阶段,步法合理,能根据来球灵活地调整步幅,对起动和回位节奏掌握得恰到好处;手法灵活多变,一致性强;发展个人绝招,进一步增强击球稳定意识,丰富战术知识。

教学训练内容必须由浅入深、由易到难、由简到繁、循序渐进地进行。训练的负荷量也应由小到大做出合理的安排。

二、注重长期系统科学的训练

良好的运动成绩,是在多年持续系统的训练过程中,随着身体素质的提高和技术动作的改进而获得的。如果训练不当,就不可能掌握和完善技术动作,身体素质也得不到发展和提高,已经掌握的技术动作和获得的身体素质也会逐渐消退。

教学训练的主要任务是提高身体素质,提高技术、战术和心理水平,这些都需要经过不间断的科学系统的训练才能达到。为了使教学训练有目的、有要求、有步骤、有措施、有系统地进行,做到心中有数,逐步认识和掌握羽毛球运动的特点和规律,在教学训练中一定要重视教学训练的科学性和合理性,处理好基本技术与特长技术、技术训练与战术训练、技术训练与身体素质训练、运动负荷—恢复—再负荷—超量恢复等多方面关系,使技术、战术教学训练更加科学合理。

三、掌握正确的技术、战术要领

进行羽毛球运动必须重视基本技术、战术的规范性,掌握正确的技术、战术是教学训练的一项长期任务。技术要领掌握得正确、合理，既能使击球有威力，又能节省体能、避免运动损伤、延长运动寿命，还能使动作舒畅、姿态优美。技术、战术要领不正确，既不能发挥有效的击球威力，动作也别扭不协调，还容易受伤。

在基本技术练习时应注重动作的完整性。在日常练习中，能始终做到击球动作的完整性，就能收到事半功倍的良好效果；否则，就容易形成不良的习惯，不利于今后进一步提高。

因此，在教学训练中学生应重视掌握技术要领，不断改进和完善技术、战术，防止学习中因技术概念不明确，正确要领不扎实，在没有得到教师及时提醒和纠正的情况下，而形成错误的技术、战术。

四、技术训练带有战术意识

羽毛球技术、战术受多种因素的影响，基本技术只有在战术意识的有效控制下才能合理运用，充分发挥威力。因此，教学训练不应局限于对技术动作的掌握，还要使学生在掌握技能的同时，能够在比赛中运用已掌握的技能，把击球战术意识的培养贯穿基本技术练习的始终。在技术训练过程中，人们往往都比较注重对动作技能的学习和提高，而对是否真正理解这些技术在实战中的战术作用，往往重视不够。这样很容易引起技术与战术训练上的分离，最终必然会影响战术能力的培养和提高。从根本上来讲，这对全面完成技术训练任务是非常不利的。

学生不仅要明确技术的操作方法，还要明确技术的战术作用及相关运用方法，增强进攻、防守和过渡技术的战术转换意识，做到技术训练与实战运用并驾前行，让基本技术训练与战术意识训练紧密结合，使训练更有效率，符合现代羽毛球运动发展的需要。

教师要注意防止在基本技术训练中出现技术训练与实战运用脱离的现象，如果只强调技术动作要领的掌握，而忽视战术意识的培养，基本技术训练单一，学生只会完成技术动作，不懂得实战中灵活运用战术，那么已掌握的技术就难以在比赛中真正高效地发挥作用。

五、注重兴趣的培养

兴趣是羽毛球教学训练的一个很重要的因素。如果人们对某件事物产生了兴趣，就可以保持长时间的注意，从而自觉、主动、积极地学习。教师应向学生展示准确、熟练、轻快、优美的运动技术，让学生在视觉上直接感知羽毛球运动的规范性，在初学阶段便建立一个正确的概念，提高学习兴趣和信心。

提高羽毛球技术、战术水平最有效的方法就是在明确动作要领的基础上，进行反复多次的重复性训练。通过反复练习，学生掌握了技术、战术要领，形成了固定的习惯模式，在比赛中可随心所欲地运用。因此，教学训练应采用丰富多彩的组织形式和多样化的训练方法与手段，如采用男女搭配练习、不同水平选手间交叉练习、多球练习、固定或不固定线路练习、直线和斜线结合练习、前场和后场结合练习等多样化的训练方法，避免单调枯燥的基本技术、战术练习，使学生产生注意力分散的现象，提高学生的学习兴趣。

第三节 握拍技术教学训练方法

在握拍技术练习中，学生主要通过徒手持拍与持拍控球的重复练习，掌握正确的握拍动作，提高球性，练习相应的击球技术，增强手臂的力量。

一、徒手握拍练习

持拍手先自由转动拍柄，再依照动作要领握住拍柄，然后检查握拍位置是否正确。通过反复练习，逐渐达到不用眼看，仅凭手感就能做到动作正确。

二、挥拍练习

以正手握拍技术进行各方向的徒手挥拍练习，以提高握拍的正确性及手腕、手指的灵活性。

体前左、右、上、下挥拍练习，如图4-2所示。

图4-2 体前挥拍

体侧前、后、上、下挥拍练习，如图4-3所示。

图4-3　体侧挥拍

头顶前、后挥拍练习，如图4-4所示。

图4-4　头顶挥拍

三、原地（正反手）颠球练习

开始练习时，用正拍面或反拍面轻轻向上颠球，尝试连续拍击并控制球。练习熟练后，可以用挑球动作全力向上方颠球，将球击得越高越好，体会发力动作、方法，同时熟练控制球性。

练习顺序为：

以正手握拍动作进行正手颠球（图4-5）。

以反手握拍动作进行反手颠球（图4-6）。

以正反手握拍动作进行正反手转换颠球（图4-7）。

图 4-5　正手颠球　　　图 4-6　反手颠球　　　图 4-7　正反手转换颠球

四、移动（正反手）颠球练习

将颠球练习与下肢移动相结合，在向前或向后移动过程中完成颠球动作。如颠球向前跑练习，即在脚步移动的同时完成手上的颠球动作。此项练习要求击球时控制拍面方向和角度，使球不落地，并保持一定向前跑的速度，在快速移动中完成持续颠球的动作。也可采用后退跑的方式同时完成颠球动作，但这项练习较向前跑颠球难度更大。

五、持拍捡球练习

用正拍捡球时，持拍手掌心虚握拍柄，以拍框左侧贴着羽毛球右侧触地，使拍面倾斜，前臂迅速外旋，同时用手指捻动拍柄，用拍面将地上的羽毛球轻轻"刮起"，使之停在拍面上（图 4-8）。

图 4-8　持拍捡球

六、接控球练习

持拍手掌心虚握拍柄,将球抛高,用正拍面或反拍面将球接住并使之停留控制在拍面上,拉回体前。接球时,球拍要有随球下降的缓冲动作,以便让球停留在拍面上,避免弹起(图4-9)。学生从中体会拍、手、球和眼的协调配合,增强球感。

图4-9 接控球

七、力量练习

力量练习是以正确握拍(正反手)、掌握羽毛球技术动作中的基本发力要领为主要目的,可通过增加球拍重量(图4-10)或增大阻力(图4-11)的方法练习,练习以羽毛球基本动作中手腕、小臂和手指的配合为基础。

图4-10 增加球拍重量(持网球拍)　　图4-11 增大阻力(拍头套袋子)

第四节　击球技术教学训练方法

一、练习方式

（一）单一技术练习

单一技术练习是以掌握羽毛球基本技术中的单个技术，如击高远球、发球、网前技术等单一技术练习为主要目的的训练手段。在技术学习的初学及巩固阶段，多采用单一技术练习方式。

（二）复合技术练习

复合技术练习的目的是掌握羽毛球基本技术组合运用能力，如在步法移动中掌握单一击球技术的能力，提高羽毛球技术运用的实践性。在技术学习的巩固与提高阶段，多采用复合技术练习方式。

（三）辅助练习

利用辅助练习手段，以降低技术练习的难度，便于技术的掌握，如在击球练习中采用击固定球练习方法（图4-12），二人或多人一组的发（掷、击）球—击球的多球练习，借助器械的练习。

图 4-12　击固定球方法

二、发球技术练习方法

（一）徒手挥拍练习

按正确的发球技术动作要领，进行发球的徒手挥拍动作练习，以形成正确的动作结构。该练习适用于初学阶段。

（二）击固定球练习

把羽毛球悬吊在固定高度，进行发球技术动作的练习，目的是掌握正确的发球动作结构，找准发球击球点的位置（图 4-13）。

图 4-13　击固定球练习

（三）完整发球练习

按正确的发球技术动作要领，进行完整的发球练习，不强调发球落点，目的是掌握和巩固发球技术动作。

（四）发固定落点

可采用一个（或多个）发球动作，发同一落点，如发后场固定落点（图 4-14）、发网前固定落点（图 4-15）。

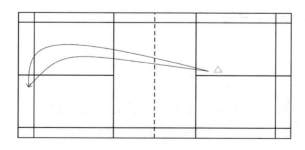

图 4-14　发后场固定落点

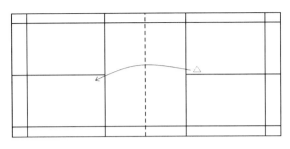

图 4-15　发网前固定落点

（五）发不同落点

可采用一个（或多个）发球动作，发不同落点，如发后场不同落点（图 4-16）、发网前不同落点（图 4-17）。

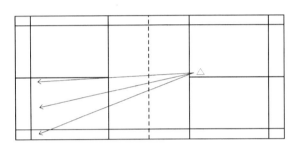

图 4-16　发后场不同落点

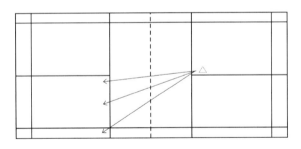

图 4-17　发网前不同落点

三、击球技术练习方法

（一）掷球练习

持拍手持羽毛球，按正确的击球技术（适用于击高球技术）动作要领，在相应的击球出手点，把羽毛球掷出。目的是掌握正确的击球技术动作、击球时机、手臂的位置，并形成手臂鞭打动作。

（二）徒手挥拍练习

按正确的击球技术动作要领，进行击球的徒手挥拍动作练习，以形成正确的动作结构。该练习适用于初学阶段。

（三）击固定球练习

把羽毛球悬吊在固定高度，进行击球技术动作的练习，目的是掌握正确的击球动作结构及找准击球点的位置（图4-18）。

图4-18　击固定球练习

（四）多球练习

一掷（发）一击练习，练习的量和强度可以根据实际情况来调整，可以定点、多点练习。其优势是短时间内可以巩固某种技术动作，以提高技术动作的正确性和熟练度，或进行组合技术动作的练习，强化实战运用。该练习适用于所有技术练习的整个学习阶段。

（五）定点技术练习

二人或多人练习，直线斜线一点打一点（图4-19）后场技术练习，通过点对点的动作练习，以熟练掌握动作。在前场技术练习时也可以采用同种线路和方式进行，直线斜线二点打一点（二点）（图4-20），通过二点的移动击球，提高技术运用的线路与落点的变化，提高实战性。

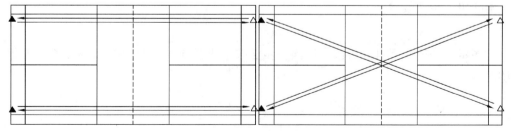

图4-19　直线斜线一点打一点

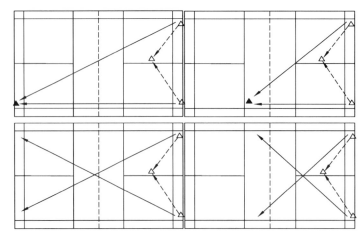

图 4-20 直线斜线二点打一（二）点

（六）技术比赛法

技术练习时以比赛方式进行，并且进行比分计算，模拟比赛形式，提高技术实战性。

第五节 步法技术教学训练方法

（一）单一步法技术练习

通过单一步法技术练习，熟练掌握并步、跨步、交叉步等羽毛球基本步法，提高运用能力。

1. 单步训练

单步训练适用于初学阶段，以准备姿势开始进行单一步法的单步训练，以掌握正确的单一步法技术。

2. 多步训练

多步训练适用于巩固阶段，以同一步法技术进行同一方向 10~20 米的多步移动练习。

（二）综合步法技术练习

运用上网步法、左右移动步法、后退移动步法、前后场移动步法等分别进行各方向的组合步法练习，熟练后配合相应的正反手击球动作进行综合练习。

（三）全场移动步法

运用步法技术进行前、后、左、右固定方位的全场步法移动，如低重心四角跑（图4-21），采用上网步法向右前方移动，用持拍手触及单打边线与前发球线的交点，然后回至圆圈内，面向球网；再采用上网步法向左前方移动，用持拍手触及左侧单打边线与前发球线的交点，然后回至圆圈内，面对球网；再采用后场反手击球的被动步法向右后侧移动，用持拍手触及单打边线与双打后发球线的交点，然后回至圆圈内，面对球网。以后按此顺序重复进行，回动时，当两脚踏到或进入圆圈时，为完成一次移动跑。

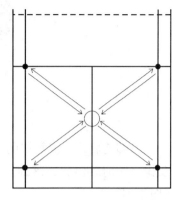

图4-21　低重心四角跑

（四）专项步法

根据教师或同伴的方向指引，进行看信号的随机步法移动。

（五）步法辅助练习方法

除了基本步法及组合练习以外，可通过各种辅助练习方法来强化步法训练，提高步法移动的反应能力和协调性，强化腿部专项力量。

1. 原地快速小碎步跑

双臂弯曲放在身体两侧，身体稍微向前倾，把身体重心放在前脚掌。腹部收紧，双腿交替原地点步。双臂自然摆动，过程中保持膝关节微屈，前脚掌点地，保持自然呼吸，鼻吸口呼（图4-22）。

2. 高抬腿

躯干直立，保持高重心，大小腿折叠，高摆大腿，与地面平行，另一条腿充分伸展。然后摆动腿，大腿下压，用前脚掌着地。两臂屈肘，前后摆动，步幅小，频率快，整个动作快速有力（图4-23）。

图4-22　原地小碎步跑

图 4-23　高抬腿

3. 弓步跳

双脚前后跨立成舒展的弓步姿势，保持躯干直立，双腿用力将身体蹬起，空中双腿交换前后位置，落地时弯曲膝关节以减小冲击力，连贯完成并重复这一动作（图 4-24）。

图 4-24　弓步跳

4. 原地单双脚四方跳

双脚并拢，向前、后、左、右方向依次跳跃（图 4-25）。

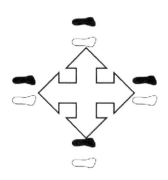

图 4-25　四方跳

5. 跳绳

进行单摇、双摇跳绳练习。

6. 绳梯练习

为了使移动步法更加灵活，进行梯式步法训练。如无绳梯，可利用羽毛球场地的边线，梯子的横格部分可以用胶带粘贴，改变格子的宽窄，可以自由调整训练的难易程度。还可以让学员坐在地上，分开双腿当作梯格，或使用跳绳来分隔。办法多种多样，下面介绍几种常用的绳梯训练方法。

快步跑（图4-26）：脚步按先右后左的顺序，一步一格，快速向前跑。

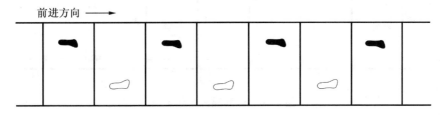

图4-26　快步跑练习示意图

并脚跳（图4-27）：两脚并步站立，尽可能快速跳动，注意不要用脚尖阻止身体前行。轻轻地屈膝，跳动时大脚趾用力，这是动作完成的关键。

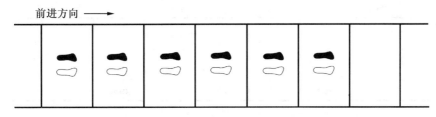

图4-27　并脚跳练习示意图

单脚跳（图4-28）：以同一脚，一格一跳快速向前（完成后可换脚）。

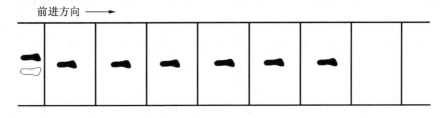

图4-28　单脚跳练习示意图

开合跳（图4-29）：双脚并步，向前跳一步，跳起时两脚分开，跨过左右两条线后落地，快速重复动作。

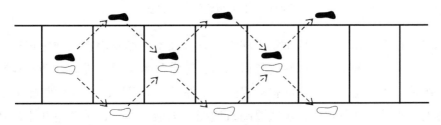

图4-29　开合跳练习示意图

分腿跳（图4-30）：第1步左脚（也可以右脚）起跳，第2步两脚分开，在左右两条线外侧同时落地，接下来，右脚起跳，然后双脚落地。

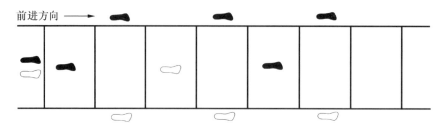

图4-30　分腿跳练习示意图

左右并步跳（图4-31）：两脚并拢，双脚跳起后落于左右侧线两边，呈锯齿形跳步前行。

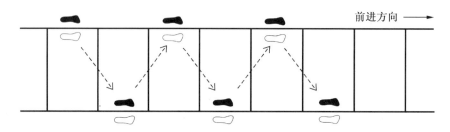

图4-31　左右并步跳练习示意图

前后交叉步跑（图4-32）：前进方向上横向站立，先将左脚向右脚后交叉横跨一步置于第1格中，然后将右脚向前进方向横跨一步。接下来，左脚向右脚前方交叉横跨一步，继而右脚跨入相邻梯格向前移动。尝试向相反方向移动。这时改由右脚开始。

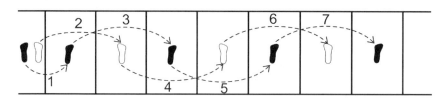

图4-32　交叉步跑练习示意图

总之，技术动作练习主要是熟悉球性、掌握技术动作及能在实战中进行运用的练习，人与拍和球的结合是球感的意识练习，综合技术练习是提高技巧与技能的应用能力练习。步法练习有一定的移动规律，掌握了这个规律，在场上就能运用自如。但来球的落点是千变万化的，步法要随机应变，灵活调整，这种调整并不破坏步法的规律性，反而使步法更灵活。

第六节 羽毛球战术训练方法

羽毛球运动技术多，战术内容多，战术训练方法比较复杂，在训练中应该针对技术掌握情况及运用特点选择适宜的战术，因此，应根据要求选择不同的战术训练的任务。学生通过训练，掌握不同的战术理论知识，正确理解每种战术运用的思路，通过一定技术手段找到战术方法与战术运用的良好时机。练习者通过战术练习应能知其然，又知其所以然，从而达到熟练运用战术的目的。羽毛球战术训练就是根据技术的程序组合（按动作、落点、线路）组成战术体系，形成技术、战术风格。

（一）战术训练方法要求

战术训练的方法除了可以采用分解训练法、完整训练法、重复训练法、变换训练法、比赛训练法等常规训练方法外，还须积极采用启发思维能力的智力训练方法。同时，也应经常采用如下方法进行实践性训练。

1. 增减难度训练

这是指增加或降低难度的战术训练。降低难度的训练多用于无对抗因素或减少对抗因素情况下的练习。利用教师讲解与示范、战术板模拟、视频影像等掌握战术结构，进行无球的战术线路跑动挥拍练习，了解战术意图。降低难度训练方法需随着运动训练水平的提高而逐渐减少采用。增加难度的训练多用于训练程度较高的运动员的战术训练，可采用多球形式，这对于练习者形成战术风格和提高实战能力具有积极作用。

2. 模拟比赛训练

在训练中，通过比赛训练法，提高战术在实践中的运用能力，提高战术的有效性。在比赛中，这种训练是在了解对方的情况下，针对对方的特点与比赛的情况，而进行的针对性训练。这种训练方法既可以让陪练运动员模拟对方，也可以利用模拟器进行训练，从而提高运动员战术应用的能力。

3. 战例分析训练

这既是战术训练，也是思维训练。通过战例分析，可以进一步提高运动员对战术的理解程度，使之更切合实际。目前多用录像分析战例。具体做法是：将重大比赛场面较完整地录制下来，从中选择一些能反映战术特点和战术运用的片段，组织运动员观看；在关键镜头停格，让运动员对下一步战术意图做出合理分析；然后继续放映，让其把自己的推想与录像中战术运用的实际状况做比较，以提高其战术意识水平。

4. 分而合练方法

可按系统进行训练，如进攻战术或防守战术训练；也可按个人、二人配合方式训练，如双打轮转战术配合训练。这些战术训练都是分开进行的局部战术训练，再逐步组合起来，最后进行战术整体训练。分练到合练是有序且系统的，有序表现在战术的组成层次，系统表现在战术环节的有机联结，分练与合练都应符合战术过程的结构体系。

5. 重视组合运用

战术运用的基础是以良好的技术动作作为支撑的，技术掌握的程度决定了战术发挥的深度。随着现代运动竞赛的日趋激烈，战术也在向复合化方向发展，靠单一战术制胜的局面已不复多见。如何将多套技术、战术有机地结合起来并在比赛场上极富针对性地使用，是衡量运动员战术运用水平高低的主要标志。

（二）提高战术水平的球路练习

羽毛球球路训练就是把两个或两个以上的基本技术，通过一定的路线组合在一起进行练习的方法。在训练时，可以事先规定回球的落点、回球的路线，也可以不固定路线进行练习。一般来说，球路训练应该遵循由简单到复杂、由固定到不固定球路这样一种循序渐进的方式进行练习。在羽毛球的学习和训练中，特意设计一些专门的球路有针对性地进行训练，会有助于练习者把已掌握的基本技术有机地结合起来运用。通过球路练习，可以把前场和后场（落点）、进攻与防守（时机）、直线与斜线（线路）等技术综合起来运用，可以形成数种技术、战术球路，运用自身擅长的技术动作，形成自己的战术风格。

下面根据羽毛球战术练习的形成过程，从简单到复杂，采用多球练习设计战术练习内容，分别从固定球路、不固定球路等方面进行常见球路练习。在多球训练熟练掌握战术球路后，可进行一对一或一（多）对多（一）的综合球路训练方法，以提高战术的实战能力，再通过比赛法来强化战术的运用。

1. 高吊战术类

在左、右场区进行直线、斜线的高球与吊球练习，要求每回击一次球后都应该适当地向球场中心位置移动；不论我方是将球用直线还是用斜线打到对方场区内任何一个落点上，要求我方击出去的每一个球都尽量靠近边线，以使对方在场区内进行最大范围的跑动。

一点打二点直线高吊球路如图 4-33 所示。

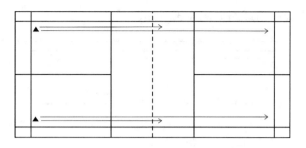

图 4-33　一点打二点直线高吊球路

一点打二点斜线高吊球路如图 4-34 所示。

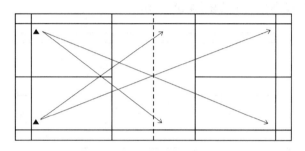

图 4-34　一点打二点斜线高吊球路

一点打二点高直吊斜球路如图 4-35 所示。

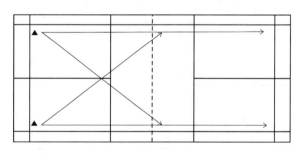

图 4-35　一点打二点高直吊斜球路

一点打二点高斜吊直球路如图 4-36 所示。

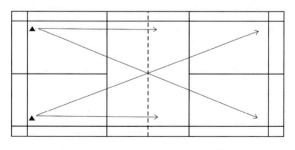

图 4-36　一点打二点高斜吊直球路

二点打二点直线高吊球路如图 4-37 所示。

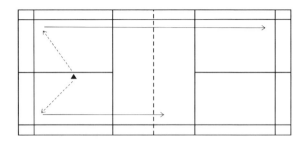

图 4-37　二点打二点直线高吊球路

二点打二点斜线高吊球路如图 4-38 所示。

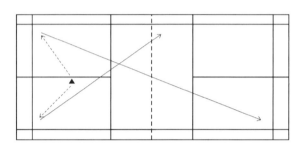

图 4-38　二点打二点斜线高吊球路

二点打二点高直吊斜球路如图 4-39 所示。

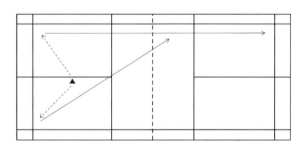

图 4-39　二点打二点高直吊斜球路

二点打二点高斜吊直球路如图 4-40 所示。

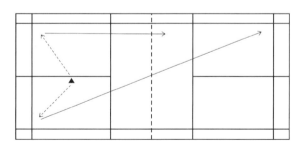

图 4-40　二点打二点高斜吊直球路

2. 高杀战术类

同高吊战术类球路，把高吊战术线路中的吊球转变成杀球即可。

3. 吊杀战术类

同高吊战术类球路，把高吊战术线路中的高球转变成杀球即可。

4. 杀上网战术类

杀上网战术类练习主要包括直线、斜线杀上网前搓、推、勾等球路练习。下面介绍几种从左区进行杀球组织的杀上网战术球路。

杀直线搓网前如图 4-41 所示。

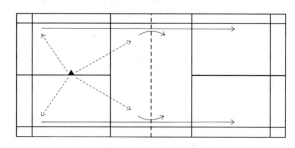

图 4-41　杀直线搓网前

杀斜线搓网前如图 4-42 所示。

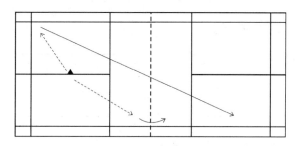

图 4-42　杀斜线搓网前

杀直线推直线如图 4-43 所示。

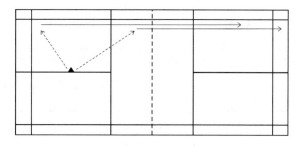

图 4-43　杀直线推直线

杀直线推斜线如图4-44所示。

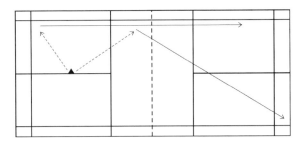

图4-44 杀直线推斜线

杀斜线推直线如图4-45所示。

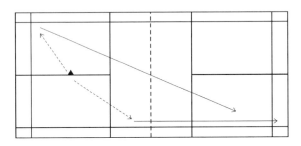

图4-45 杀斜线推直线

杀斜线推斜线如图4-46所示。

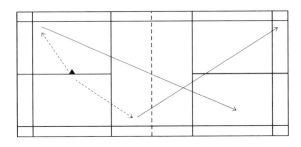

图4-46 杀斜线推斜线

杀斜线勾对角如图4-47所示。

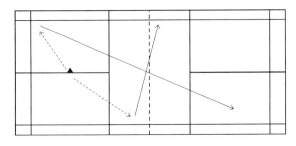

图4-47 杀斜线勾对角

杀直线勾对角如图 4-48 所示。

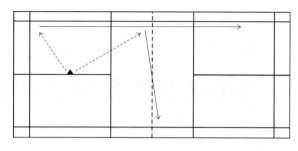

图 4-48　杀直线勾对角

5. 综合球路训练

在不固定或半固定战术球路练习的基础上，进行综合球路的练习，杀球不规定直线或对角，上网之后也不规定搓、推、勾。经过这样的训练，进攻者可提高其灵活运用杀球及搓、推、勾之技术，而防守者也能增加防守难度。在防守中要强调守中反攻的意识。因此，对角球路就很重要。

6. 比赛训练

实战练习比赛训练法是要求学生利用掌握的各种战术，以计分或不计分的方式进行训练的方法。它是检验战术的有效性和灵活性较为常用的训练方法。

实战练习比赛训练有以下几种形式。

① 半场的战术训练比赛。这种方法适用于基本功掌握得较少的学生。

② 全场区对半场的战术练习比赛。这种方法适用于水平悬殊较大的学生之间的练习。

③ 采取让分进行的战术练习比赛。这种方法适用于水平有差距的学生之间的练习。

④ 计时计分练习比赛。这是在平时训练中常用的战术训练法，它有利于对训练时间的掌握和安排。

⑤ 每一阶段有计划地安排班级的内部循环比赛。

⑥ 按照比赛条件（气候、场地、对手、时间）进行的战术模拟训练。

参加各种形式的比赛是提高战术水平最直接、最有效的一种方法。

第五章 羽毛球身体素质及训练

第一节 身体素质概述

一、身体素质分类

身体素质是安排、实施羽毛球运动的重要依据之一,因此,必须科学认识、理解身体素质的类型。根据现代运动训练的实践及各种理论研究,身体素质可分为一般性、辅助性和专项性身体素质。

一般性身体素质训练是指在运动训练过程中,采用多种多样的身体练习,以增强运动员身体健康、提高身体机能水平、全面发展运动素质和改善身体形态的训练活动。

辅助性身体素质训练是指在运动训练过程中,采用具有将一般身体素质转移到专项身体素质的身体练习,以便使一般身体素质逐渐专项化的训练活动。

专项性身体素质训练是指在运动训练过程中,采用与专项运动技术结构本质相似的、与提高专项成绩有直接关系的各种身体练习,以提高专项素质的训练活动。

显然,能否达到理想的身体素质,关键在于采用的身体练习是否恰当。身体练习种类繁多,其训练价值各有特点。

一般来讲,根据力学特征,可把身体练习分为两类,即动力性练习和静力性练习;根据动作结构的表现形式,可将其分为周期性练习、非周期性练习、混合性练习;根据运动素质特征,可将其分为力量练习、耐力练习、速度练习、柔韧练习和灵敏练习等;根据负荷强度,可将其分为极限强度练习、次极限强度练习、大强度练习、中强度练习、小强度练习。在实践中,究竟采用哪种分类来指导训练,并没有严格的要求,完全取决于教练员的出发点是什么,从何角度解决问题。

从竞技运动的角度来看，运动素质就是指在中枢神经系统的支配下，人体所表现出来的与竞技运动成绩直接相关的运动能力。由于各运动项目的要求不同，分类不一，因此，运动素质的名称也有所不同。但是，从运动机能的基本特征来看，运动素质可分为两大类，即基本运动素质和复合运动素质。所谓基本运动素质，是指具有一种运动机能特征或在某一方面的运动机能占主导作用的素质；所谓复合运动素质，是指具有两种或两种以上运动机能特征的素质。当然，无论是基本运动素质还是复合运动素质，都不是孤立存在和表现的，而是既相互独立，又紧密联系的。

根据羽毛球运动的特点，运动员的身体素质包括基础身体素质和专项身体素质两个方面。基础身体素质是专项身体素质的基础，专项身体素质是提高运动成绩的基础。基础身体素质指完成运动时所需的各种素质，通常包括力量、速度、耐力、灵敏和柔韧等方面。专项身体素质指依据羽毛球运动的方式及动作结构特点所需要的专门的力量、速度、耐力、灵敏和柔韧等素质，其中力量是基础，速度为核心。

二、身体素质训练基本要求

（1）合理地安排一般身体素质训练和专项身体素质训练。

一般身体素质训练可全面地发展运动员的力量、耐力、速度、灵敏和柔韧等运动素质，提高运动员各个器官系统的机能，并使运动员身体各个部位得到均衡发展。一般身体素质训练可为提高专项运动所需要的身体素质打下基础。

安排一般身体素质训练，并不意味着在运动训练过程中使身体各部位、各器官系统和各运动素质绝对均衡地得到发展与提高，相反，应根据专项运动的需要和个人的具体情况，有主有次、以主带次地合理安排。

在合理安排一般身体素质训练的同时，还必须合理地安排专项身体素质的训练，任何专项对身体都有特殊的要求，一般身体素质训练并不能代替专项身体素质训练。

（2）身体素质训练应与技术、战术、心理和智能训练有机结合，身体素质训练手段应力求与专项技术动作形式和生物力学特征相符。

（3）身体素质训练在整个训练中所占的比例，以及一般身体素质训练和专项身体素质训练的比例的确定，要因时、因项、因人而异。

（4）身体素质训练的主要内容是运动素质训练。各种运动素质在人的不同发育阶段发展的程度不同，训练的可塑性也不一样，训练中应根据各运动素质训练的可能性，抓住有利时机，使该素质在适合的年龄阶段得到相应的发展，在敏感期得到较大的提高。

（5）在身体素质训练中运动员常常会感到非常疲劳，有些身体素质训练的手段又比较单调枯燥，因此，在训练中应加强对运动员的思想教育，提高他们对身体素质训练重要意义的认识，培养他们吃苦耐劳的意志和品质。教练员也应采用有效的训练手段和方法，培养运动员对训练的兴趣，减少运动员对训练的枯燥感。

三、技术、战术发展对身体素质的要求

科学技术的发展，促使羽毛球选手的运动技能不断提高。过去一些不可能运用的技术、战术，现在普遍出现在赛场上，表现为选手控球能力越来越强，击球力量越来越大，击球速度越来越快，击球落点越来越刁钻，击球变化也越来越多。技术、战术水平提高，选手间差距缩小，技术、战术和心理对抗程度增大，竞争加剧，对选手身体素质提出了越来越高的要求。优秀选手不但要具备娴熟、全面的技术，灵活、快速、多变的战术，而且更要有良好的身体素质，才能在紧张、激烈的比赛中，发挥高超的技术、战术水平。

羽毛球运动中身体素质对运动员比赛成绩的影响越来越大。比赛双方除了个人技术、战术和心理素质的较量外，在很大程度上还取决于身体素质的较量。身体素质作为决定选手成败的四大因素之一，直接影响着技术与战术的运用、心理的承受能力，从而决定比赛的胜负。因此，掌握羽毛球运动的规律并不断提高技术和战术水平，必须努力将提高身体素质同发展技术、战术和心理素质放在同样重要的位置上，这样才能适应新时期高水平技术发展的需要。

第二节　身体素质训练的基本原则

一、科学性原则

科学训练对培养选手至关重要。训练方法科学，运动竞技能力就能迅速提高，成才率就高；训练缺乏科学性，运动竞技能力提高就缓慢，成才率就低。科学地安排身体素质训练，至少要处理好两个方面的关系。

一是身体素质与身体素质发展敏感期的关系。掌握和遵循身体素质发展敏感期规律，是身体素质训练取得良好效果的重要保证。力量、速度、耐力、灵敏和协调等身体素质都有其发展的敏感期，训练内容要围绕各种素质发展的最佳时期，有目

的、有重点地安排。例如，儿童时期的身体素质训练，重点是发展柔韧、协调、灵敏和速度等素质，应避免大力量和高强度的耐力素质训练。青年时期的身体素质训练，可重点发展力量和耐力。根据身体素质和身体素质发展敏感期的基本规律，科学地选择训练方法，有针对性地为不同选手安排不同时期和不同训练层次的身体素质训练，使训练更具科学性、逻辑性、针对性和实用性。

二是身体素质与负荷的关系。科学合理地安排运动负荷，是提高运动水平的重要因素。运动负荷指人体在训练和比赛中所承受的生理负荷量，它由运动强度、时间和数量等关联因素组成，并受动作质量的影响。运动中动作质量好，负荷就大；动作质量差，运动负荷就小。负荷大的训练，机体反应强烈，"刺激痕迹"深刻，超量恢复也就更明显，人体机能水平提高就更为显著。

根据人体机能提高呈波浪形上升的运动规律，身体素质训练中的运动负荷量要循序渐进地加大，经过一段时间巩固，待身体适应了此种负荷量后再逐步加大。具体负荷量的安排应大、中、小合理交替进行。负荷量以身体在一定的疲劳情况下，仍然处于适度的兴奋状态为宜。在一般训练期，身体素质训练采用数量多、密度小的形式；在比赛期，则采用练习时间短、数量少、密度大的形式。

二、长期性原则

羽毛球选手身体素质的训练和培养是一个长期的系统过程，贯穿训练的始终。可以这样说，只要有训练，就一定有身体素质的训练。优异的运动成绩，是选手多年进行不间断的、长期的系统训练，随着身体素质的提高和技术动作的完善而获得的。如果违背这一原则，就不可能获得高竞技水平。因此，从基础的全面身体素质训练开始，就应坚持长期的、全面的、系统的、不间断的、循序渐进的训练。在这一训练思想的指导下，在练习初始阶段，选手身体素质基础较弱，机体承受能力较差，身体素质训练必须由浅入深、由易到难、由简到繁地进行，训练负荷量也应由小到大、由轻到重地合理安排；在高级训练阶段，经过多年的严格训练，选手的机体已产生适应性的变化，在能承受专项训练时，可加强专项身体素质能力的培养和训练；进入尖端训练阶段，随着选手训练年限的增长，应注意加强保护性的身体素质训练内容。

三、因人而异原则

因人而异原则是指在身体素质训练中依据每位选手的具体情况来确定训练任务，选择训练内容。合理运用因人而异原则，对提高教学训练质量有着重要意义。无论是在一个班、一个队，还是在一个群体里，每位选手都具有不同的特点，如年龄、

个性、特长、训练水平、原始身体条件和成长环境等。教学训练的任务、要求、内容、负荷量和训练方法的选择，应注意针对选手的不同特点，遵循因人而异的教学训练原则，加以区别对待。随着训练年限的增加、训练客观因素的变化，教学训练的任务、要求、内容、负荷量和训练方法等也要注意做相应的调整和改变。训练指导者要了解、分析并研究选手的个体差异，制订训练计划时既要考虑到整体的统一要求，又要考虑到个人的不同特点和不同要求，做到因材施教，区别对待。这样制定的训练任务和指标、安排的训练内容和方法，才会更加切合实际，也才能收到更好的教学训练效果。

四、全面性与专项性相结合的原则

全面性身体素质训练是指运用各种身体练习的方法和手段，使选手身体各器官的机能得到普遍提高、身体形态得到全面改善、身体素质能力得到全面发展，为日后提高羽毛球专项运动技能打下坚实基础。专项身体素质训练是指身体素质训练采用与羽毛球运动特点及技术动作相同的动作方式，辅以专门的辅助练习，发展羽毛球运动所需的专项身体素质能力。

科学地安排全面和专项身体素质训练时要视选手的实际状况、年龄的大小及训练水平的高低而定。人体各器官、各系统的活动是相互联系、相互协调配合的，当各器官、各系统机能都相应得到提高时，机体的工作能力和承受负荷能力才能得到全面提高。然而，当技术水平提高到一定的程度时，通常其他素质又会出现相应的不足，或是机体内各器官再次出现不协调，从而使技术水平出现暂时的停滞现象。这时专项身体素质训练应在全面身体素质训练的基础上将二者紧密结合，通过加强专项身体素质的训练，再次加大负荷刺激，打破机体旧的平衡状况，建立新的平衡体系，促使运动技术水平达到新的高度。

选手的训练时限和训练水平不同，全面与专项身体素质训练的内容和比例也应有所不同。在训练的初级阶段，还没有接受正规严格的训练，身体素质能力较薄弱，应重视全面身体素质的发展，为将来提高专项身体素质打好基础。如果在这一阶段的教学训练过分地强调专项身体素质能力的训练与提高，则会使选手局部肌肉负荷过重，出现疲劳，导致损伤。原则上讲，训练水平较低、年龄较小的选手，全面身体素质训练应多一些，以发展全面身体素质为主，发展专项身体素质为辅，重点是全面打好身体素质基础；对于训练程度高、年龄相对较大的选手，专项身体素质训练的比例应相对大一些，同时全面身体素质也不可停止或忽略。

第三节 力量素质训练内容与方法

一、力量素质含义

力量素质是指肌肉工作时克服内外阻力的能力。力量素质是一种重要的基本运动素质。生物学方面影响力量素质发展的主要因素是神经过程的强度、快肌纤维的数量、高能物质的储量、雄性激素的含量及肌肉初长度的效应等。训练学方面影响力量素质发展的主要因素是训练方法、动作方法、负荷性质、负重强度、负重次（组）数、训练频度、恢复方法等。发展力量素质，除对提高力量性运动项目的专项运动成绩具有直接的作用外，对其他运动项目的短时耐力、速度素质及某些复合素质亦有重大作用；对于提高技术和战术水平、心理品质，增强拼搏精神，防止运动损伤和意外事故的发生均有极大的意义。总之，力量素质对取得优异成绩具有非常突出的作用。

按动力学特征分类，力量素质训练的方法可分为两大类，即动力性力量训练法和静力性力量训练法。动力性力量训练法是指人体采用相对运动的动作形式进行力量训练的方法，它主要由等动力量、等张力量、超长收缩力量训练方法组成；静力性力量训练法是指人体采用相对静止的动作形式进行力量训练的方法，它主要是指等长力量训练方法。按身体结构分类，力量素质训练可以分为上肢力量训练、下肢力量训练和躯干力量训练。

二、力量素质训练的基本要求

（1）抗阻力是力量素质训练的主要途径，采用抗阻力训练是提高力量素质的重要途径。进行抗阻力训练的形式是多种多样的，如采用橡皮筋抗阻、负重抗阻等，但合理安排负荷强度是提高力量的关键。

（2）采用抗阻力练习手段进行练习时，必须注意练习手段对各部分肌群的影响。抗阻力动作应符合人体解剖学特点、生物学原理及专项技术的要求，使力量训练的效果能在技术动作上反映出来。只有这样，力量训练才具有目的性、针对性、实效性。

（3）要认真地分析各种力量训练方法的作用，以便根据目的有效地采用不同的

训练方法。一般来讲，以提高最大力量为目的，可采用等动力量、等张力量、等长力量训练方法；以提高爆发力量为目的，可以等张、超长收缩力量训练方法为主，其他方法为辅的基本原则进行训练。在训练中，采用某种方法时，要尽可能扬长避短，或综合运用各种方法，以便互为补充。

（4）要注意全面协调地发展力量素质。也就是说，在力量训练中，既要重视大肌群力量素质的发展，也要重视提高小肌群的力量水平；既要重视专项力量素质的发展，也要注意基本力量的训练。

（5）要重视力量训练前后的准备、放松活动。准备活动中，首先要使运动员神经与肌肉系统做好承受极限负荷的准备；训练后，要充分进行放松，重点采用拉长放松和抖动放松手段，以使肌肉恢复到训练前的初始状态。

三、基础力量素质训练的内容与方法

（一）上肢基础力量训练

1. 上肢六项哑铃操练习

用哑铃进行上肢力量训练，是初学者发展力量素质的一种有效方法。根据不同的年龄，使用不同重量的哑铃，选择不同的练习负荷。重量大，负荷练习次数少，完成动作的速度稍慢；重量小，负荷练习次数可以增加，完成动作的速度相对加快。哑铃的重量通常有 3 千克、5 千克、7 千克、10 千克不等，负荷次数可以安排 10×3 组、15×3 组、20×3 组和 30×3 组不等。具体练习如下：

① 头上推举。
② 胸前推举。
③ 体侧平举。
④ 体前平举。
⑤ 扩胸。
⑥ 体侧提收。

上肢哑铃操可采用两种负荷方法完成训练。一种负荷是采用重量较大的哑铃。以上六项练习内容作为一组，连续完成全部六项内容为一大组，每大组间间歇 2~3 分钟，共练习 3~6 大组。另一种负荷是选用重量较小的哑铃，六项练习内容各做 3 小组，每小组间休息一定时间，逐步完成六项内容。以上方法仅供参考，实际训练中可视情况而定。

2. 上肢静力性练习

用重量小的哑铃，做静止力量练习，目的是发展各大肌肉群的绝对力量。具体练习如下：

① 体侧静力平举。
② 体前静力平举。
③ 手腕静力对抗。
④ 肩臂静力支撑。

静力性练习时间可视个人具体情况采用 30 秒、1 分钟或数分钟。

3. 上肢 15~20 千克杠铃练习

利用杠铃发展上下肢动作协调能力和爆发力量。具体练习如下：

① 提铃抓举。
② 前臂体前屈伸。
③ 前后分腿跳挺举。

4. 卧推练习、卧拉练习、俯卧撑练习等

具体练习如下：

① 杠铃卧推。
② 杠铃卧拉。
③ 俯卧撑。

5. 杠上练习

具体练习如下：

① 引体向上。
② 双杠直臂静力支撑。
③ 双杠屈臂撑。

（二）下肢基础力量训练

1. 跳跃练习

初学者发展下肢力量，一般采用各种姿势的跳跃练习方法。若要增加负荷，则可采用沙衣或沙袋。

① 蹲走：用前脚掌向前或向后行走，手臂前后摆动，协调用力。此练习主要发展大腿的肌肉力量。负荷量（移动速度）可因人而异。

② 纵跳：下蹲全力向上跳起，落地后再次跳起。连续纵跳 25 次，做 3~5 组，每组间歇 2~5 分钟。此练习主要发展腿部爆发力。

③ 收膝跳：向上跳起，空中屈膝收腿，使大腿尽量贴近胸口，双脚落地后再跳起。连续收膝跳 25 次，做 3~5 组，每组间歇 2~5 分钟。此练习主要发展腿部爆发力。

④ 单腿蹬跳换台阶：脚踩住台阶做蹬起动作，跳起换脚。

⑤ 双脚跳跃障碍物：跳跃障碍物（如羽毛球筒）。此练习主要发展腿部力量和锻炼身体协调及灵敏性。

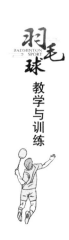

2. 杠铃练习

利用杠铃发展下肢肌肉的绝对力量和爆发力。负重杠铃，围绕一些专项动作进行练习，发展下肢肌肉力量和爆发力。下肢的负重因人而异，一般为 10~15 千克，不宜太重。练习时要保持一定的速度和频率。每组 20 次左右，持续 3~5 组。

① 半蹲起跳：负重杠铃半蹲，足跟提起，利用踝关节力量持续向上蹬跳。此练习主要发展脚弓的爆发力。

② 全蹲起跳：此练习比半蹲起跳的动作幅度大。负重杠铃全蹲，以大、小腿和踝关节的力量持续向上蹬跳，并尽量保持直立姿势。

③ 提踵：负重杠铃站立，以踝关节和小腿力量持续向上提踵，主要由小腿和踝关节发力。

④ 静力半蹲：负重半蹲，上体正直，屈膝并控制在接近 90°，持续一定时间。此练习主要发展大腿肌肉力量，提高膝关节的承受能力。

⑤ 弓箭步跨步：负重杠铃站立，上体正直，向规定的方向做弓箭步跨步动作。可以左右腿分开练习，也可以左右腿交叉跨步练习。此练习主要发展羽毛球运动需要的腿部专项力量。

⑥ 双脚或单脚前、后、左、右蹬跳：负重杠铃站立，双脚或单脚向前、后、左、右做 1 米蹬跳练习。屈膝蹬地时，由前脚掌发力，并保持一定的动作频率。

3. 力量练习游戏

运用游戏的形式进行力量练习，以增加趣味性。

① 推"车子"：俯卧撑地，两腿当作车子的扶把，由同伴抬起，练习者以两手支撑身体向前爬行。

② 爬走：俯卧，除手脚着地外，身体的其余部分不许触地，向前快速爬行。

③ 大象走：模仿大象四肢着地的动作，先以同侧手脚同时迈第一步，再换异侧手脚同时迈第二步，以此方法进行练习。练习时要抬头、挺胸、直腰。

4. 发展局部肌肉力量练习

设计一些针对性较强的动作，以发展局部小肌肉群的力量。

① 发展股二头肌力量：直立或俯卧，双手扶持一固定物，脚踝负重。单膝后屈成 90°，反复练习一定次数，再换另一条腿做，持续练习。俯卧练习时，也可双脚踝负重做。

② 发展股四头肌力量：坐在凳子上，脚背负重，双腿或单腿由弯曲到抬举伸直，反复持续练习一定次数。

③ 发展大腿的内外侧和腰部肌肉的力量：直立，两手叉腰，脚背绑上沙袋，大腿带动小腿做前后向或侧向快速摆腿练习。

（三）躯干基础力量训练

1. 杠铃负重练习

背肌练习：仰卧或俯卧在两条凳子上，身体中部悬空，把一定质量（2.5~5千克）的杠铃放在身体的悬空部位，并保持此姿势，静力支撑数分钟，发展躯干、腰腹、背肌的力量。

2. 箱上或垫上练习

① 俯卧起：俯卧在肋木前的横跳箱或垫子上，脚后跟钩住肋木，颈背部放沙袋等重物，做屈体后仰练习，发展背部肌肉力量。

② 仰卧起坐：负重或徒手做仰卧起坐练习。

③ 侧卧起：侧卧在垫子上，手持重物或徒手做侧卧起练习。

四、专项力量素质训练的内容与方法

选手在具有一定力量的基础上，要根据羽毛球运动对力量素质的要求，进行专项力量素质训练，并应以发展速度力量和耐力力量素质为主，以保证在长时间的比赛中能够完成各种技术动作。在进行专项力量素质训练时，可采用减重量加次数的练习方法，着重进行一些负荷强度小、速度快、重复次数多的速度力量和耐力力量训练，由基础性大力量训练转为逐步加强专项所需的小负荷的爆发速度力量和耐久性力量训练。

专项力量素质的训练应以动力性练习为主。训练中注意掌握好练习密度和重量的关系。一般情况下，负荷重量大，单位时间内练习次数少，速度频率慢，休息时间间隔短；负荷重量小，单位时间内练习次数多，速度频率快，练习强度大，休息时间间隔长。例如，练习重点以发展爆发速度力量为主，总次数不可太多，强调单位时间内动作速度要快，一旦出现单位时间内速度下降，应立刻停止或转换其他内容的练习。再如，练习重点以发展耐力力量为主，则要求选手尽力保持一定的动作速度，坚持一定的重复数量。另外，在进行专项力量素质练习时，还应该适当穿插一些跑跳训练以及培养灵敏性、柔韧性和协调性的训练，以保证获得最佳的专项力量素质训练效果。

（一）上肢专项力量训练

1. 六项哑铃操练习

① 前臂头后举。

② 两臂上下"8"字绕肩。

③ 前臂屈伸。

④ 手腕屈伸。

⑤ 哑铃体前手腕绕"8"字。

⑥ 哑铃体前前臂挥动"8"字。

循环练习法：以上动作依次完成为一组，练习3~6组。

2. 弹力带练习

将弹力带一头固定，另一头用持拍手握住，以羽毛球技术动作徒手进行弹力带练习。

① 肩上前臂屈伸（类似高远球击球动作）。

② 体侧肩上前臂前后摆动（类似封网击球动作）。

③ 体前前臂屈伸（类似挑球动作）。

④ 体前上臂展屈（类似杀球下压动作）。

⑤ 手腕屈伸（类似击球发力动作）。

⑥ 正、反手前臂快速挥摆（类似中场抽击球动作）。

⑦ 反手挥臂（类似反手击高远球和杀球）。

3. 网球拍挥拍练习

完成与羽毛球技术动作相似的练习，发展上肢专项力量。注意握持方式与击球握拍方式相同。

① 手腕屈伸：持拍手持握网球拍，直臂举至肩上方，前臂和手肘均不移动，仅以手腕快速做前后屈伸练习。

② 前臂屈伸：持拍手持握网球拍，屈臂举至肩上方，上臂固定不动，以肘为轴心，做前臂、手腕前后快速屈伸练习。注意：当手臂伸至肩上方最高点时，手腕要配合做内旋的击球动作。

③ 后场击高球或杀球动作挥拍：持拍手握持网球拍，做高球或杀球动作的挥拍练习。此项练习可做原地击球挥拍动作练习，也可以结合后场转体起跳击球做挥拍动作的练习。要求有一定的练习数量并保持一定的挥拍速度。

④ 体侧正、反手抽球动作挥拍：持拍手握持网球拍，在体侧做正、反手抽球击球挥拍动作练习。

⑤ 前臂前后快速挥摆：持拍手握持网球拍，置于体侧肩以上部位，以肩为轴心，快速做前臂前后摆的练习。

⑥ 手腕环绕：持拍手握持网球拍，置于体前固定位置，分别以腕或以肘为轴，用手指或手腕交替做环绕挥动练习。

⑦ 反手高手击球动作挥拍：持拍手握持网球拍，置于体侧右肩上方，做反手高手击球动作挥拍练习。

4. 实心球投掷练习

面对墙壁或两人相距8~10米面对面站立，持拍手持小实心球，以与羽毛球后场击球相似的动作投出，以发展手指、手腕的爆发力量。注意：投掷时，发力的顺序是上肢通过上臂带动前臂，最后运用手腕、手指的力量将球投出，爆发力越强、距离越远、力量越大的投球效果越好。

（二）下肢专项力量训练

1. 沙衣或沙袋负重下肢跳跃练习

穿沙衣或沙袋，增加一定的负荷，以所需的动作进行专项力量练习。

① 全蹲向上起跳：两脚开立，与肩同宽，向上跳起，落地时全蹲，再立即以全力向上跳起为一次，持续进行多次为一组。下蹲和跳起时腰背都要挺直，在双手的协助下，靠双腿的力量起跳并支撑全蹲。此练习主要发展大腿、小腿及踝关节的力量。

② 双腿收腹跳：两脚开立，与肩同宽，在摆臂带动下向上高高跳起，在空中屈膝以使大腿部位贴近胸部，下落时腿伸直，再跳起以大腿触胸，反复进行。必须尽量高跳，腿贴近胸部时不能弯腰。

③ 单、双脚向前、后、左、右跳跃：两脚开立，与肩同宽，右脚比左脚前半步（右手握拍者），以此点为中心位置，做单脚或双脚持续向左前、右前、左后、右后跳出又跳回的练习，跳跃的路线似"米"字形。蹬跳距离应尽量远些。

④ 单、双脚全力向上纵跳：半蹲，用单脚或双脚持续地全力向上跳起，落地时以前脚掌着地，避免脚跟触地。

⑤ 弓箭步前后交叉腿跳：两脚开立，与肩同宽，在摆臂带动下跳起，做双腿前后交叉弓箭步跳练习。要利用小腿向前踢以保证弓箭步大步幅，身体重心要保持稳定。

⑥ 弓箭步左右两侧并腿转髋跳：两脚开立，与肩同宽，向上跳起，同时以髋带动身体向左右转体，落地时成弓箭步，持续反复练习。弓箭步落地时，应随转髋方向而指向左侧或右侧。

⑦ 单、双脚蹬台阶跳跃：选择一定高度的台阶，以单脚或双脚向上蹬跳。依靠腿部力量完成练习，上体直立，两臂适当地给予助力。

⑧ 左右体前交叉跳跃转髋：两脚开立，与肩同宽，跳起后高抬右腿，以转髋带动向左转体，右脚落地再跳起，并高抬左腿，以转髋带动向右转体，如此完成一组动作。反复持续地进行，腿要抬得高，髋要转到位，摆动两臂以保持身体平衡。如有条件，在沙坑里进行效果更好。

2. 跳绳练习

① 单、双脚跳绳：依据个人实际情况，练习时间可以是15分钟、20分钟、30分钟或1个小时不等。练习中可适当增加负荷，如利用沙衣或沙袋负重做跳绳练习，以发展踝关节的力量。

② 双摇双脚跳：较长时间的双摇双脚跳练习，可以发展上肢和下肢的速度力量和耐力。练习负荷可采用 80 次、100 次或 120 次不等。

3. 杠铃负重练习

按照规定的动作，负荷一定重量的杠铃进行下肢力量练习。

① 前脚掌蹬跳：两脚开立，与肩同宽，两脚前脚掌触地，充分利用前脚掌的力量蹬跳，并保持一定频率，要用爆发力。

② 左右脚蹬高：利用沙衣或沙袋负重做单脚蹬台阶跳跃练习。

③ 交叉弓箭步跳跃：利用沙衣或沙袋负重做弓箭步前后交叉腿跳跃练习。

④ 原地左右蹬跨弓箭步：两脚开立，与肩同宽，以髋带动向左或向右转动，向左转时，左脚后跟部位和右脚尖触地；向右转时，右脚后跟部位和左脚尖触地。

（三）躯干专项力量训练

1. 实心球练习

① 躯干前屈后仰：两人一组，相互间隔 1.5 米左右，背对背站立，持实心球以前屈后仰动作完成一人传、一人接的传递练习。

② 左右转体：两人一组，相互间隔 1 米左右，背对背站立。两人持实心球做相反方向（即一人向左、一人向右）的转体传接球练习。要求转体时双脚不动，仅以上体快速左右转动，速度越快越好。

③ 抛掷实心球：两人一组，相距 10 米左右，面对面站立，做双手或单手肩上抛掷球练习。要求运用类似鞭打的动作将球抛出，抛掷距离越远越好。接住实心球时立即抛回，如未接住，则拾起来立即抛回。

2. 发展腰部肌肉力量练习

负荷沙袋做踢腿练习，以发展腰肌力量。

① 左右腿正踢：侧立，一手扶同侧的支撑物，一腿全力向上踢起。左右脚交替进行，双腿均应绷直。踢腿时要用快速爆发力，另一支撑腿要配合踢腿提踵。

② 左右腿侧踢：直立，手扶面前的支撑物，一腿全力侧踢，左右腿交替进行。向侧上踢的同时，髋部要配合做侧转，另一支撑腿配合侧踢腿做提踵动作。两腿都要伸直。

③ 左右腿后踢：直立，手扶面前的支撑物，一腿全力向后上方踢起，左右腿交替进行。向后踢的同时，上体做后仰动作。两腿都要绷直。

④ 腰部前俯后仰：侧对肋木，两腿与肩同宽，靠肋木站立，非持拍手扶住肋木做前俯后仰练习。后仰时，持拍手尽量去摸足跟。前俯时，持拍手由后仰动作配合击球动作向前上方用力挥动，带动腰部以类似后场击球做大弧度的收腹动作，加强腰背部位的韧性。

第四节 速度素质训练内容与方法

一、速度素质含义

速度素质是指人体在神经系统支配下,以高能物质ATP(三磷酸腺苷)、CP(磷酸肌酸)为主要能源,进行快速运动的能力。速度素质是一种重要的基本运动素质。生物学方面影响速度素质发展的主要因素是神经过程的速度、快肌纤维的数量、高能物质的储量、肌肉纤维的弹性、速度感知能力等。训练学方面影响速度素质发展的主要因素是训练方法、训练手段、负荷性质、负荷强度、练习次(组)数、训练频度、恢复方法等。发展速度素质除对提高速度性运动项群的专项运动成绩具有直接的作用外,对于其他运动项目的短时耐力、某些复合素质亦有重大作用。同时对提高技术和战术水平、心理品质,形成某种技术、战术风格具有极大的意义。

速度素质在各项运动中都具有十分重要的地位,特别是在球类项目中,速度素质是衡量运动员全面身体素质水平的重要内容之一,对取得优异成绩起着至关重要的作用。速度素质的有效发展,可以提高技术、战术效果,丰富战术内容;可以形成以小打大、以快制高的战术风格。在羽毛球技术风格中"快"就是速度素质最好的体现,因此,速度素质训练应作为身体训练的重点。

按不同的划分依据速度素质有不同的分类。从实践性角度,速度素质分为反应速度、加速度、动作速度、速度耐力。反应速度是指人体对外界信号刺激所做出的应答能力,它反映了神经冲动在神经系统中的传导速度。加速度是指在规定的条件下,人体重心(局部肢体重心)速度变化的差异与所用时间的比值,它反映了人体由静止状态转入最高速度动态的变化过程。动作速度是指快速完成单个动作或整套动作的能力,它反映了机体快速完成动作的整体能力(从某种意义上讲也包括加速度因素)。速度耐力是指人体维持最高速度运动状态的能力,它反映了人体在最高速度运动状态的持久力。

上述各种速度的关系在实践中是紧密相连的,许多运动项目中速度素质宏观体现的正是这四种素质的综合。比如:羽毛球运动员防守时的反应速度起着决定性作用,杀球时的动作速度与加速度起着决定性作用。因此,在训练中应根据其项目的技术、战术的要求及各类速度素质的相关意义而有所侧重地训练。

二、速度素质训练要求

（一）速度素质训练应与专项运动高度结合

速度素质训练应结合运动员所从事的专项运动进行，如对羽毛球运动员的反应速度，应着重提高他们的视觉反应能力。

（二）速度素质训练应在课的前半部进行

速度素质训练应在运动员情绪饱满、运动欲望强烈的情况下进行。因此，速度训练应安排在课的前半部。

（三）速度素质训练应当采用极限强度

速度素质训练是以极限强度的无氧代谢为主的活动，但是必须以一定的有氧代谢为基础。通过一定的有氧代谢的训练，可以提高体内含氧量及输氧能力，并利于机体恢复。

（四）应防止过早产生速度障碍

"速度障碍"是速度发展中的一种现象，即在速度素质提高到一定程度时，就会出现停滞的现象。其产生的主客观因素很多，如过早发展绝对速度、基础训练不够、技术动作不合理、训练手段单调片面、心理感觉无新异刺激、负荷过度且恢复不好等，都会导致这一现象产生。因此，在训练时应注意以下几点：首先，优先发展一般耐力，为发展专项速度耐力奠定基础；其次，多采用一些发展速度力量的练习手段，培养运动员在短时间内快速用力的能力；再次，在采用"极限负荷强度"练习时，应特别注意肌肉的放松训练；最后，一旦出现"速度障碍"，应积极采用外力手段予以突破。

三、基础速度素质训练内容与方法

（一）反应速度训练

① 听口令转身起跑：当听到口令后立即转身起动向前冲刺跑。
② 看手势起跑：以手势代替起跑口令，看到手势后立即起动向前冲刺跑。
③ 视、听信号变速冲刺跑：慢跑中看到或听到信号后立即向相反方向冲刺跑，反复进行练习。

（二）动作速度训练

1. 快速跑跳台阶练习

① 1级台阶快速小密步上下往返跑：选择有一定长度的台阶，以最快的小密步频率，从台阶底层一步一级地跑到顶层，然后迅速转身，再以同样的频率和方法跑回底层，如此往返，反复进行。要以前脚掌和踝关节发力，抬腿的高度以刚刚越过台阶高度为宜，以免影响动作的速度。此练习主要发展腿部力量和动作速度。

② 2~3级台阶交叉蹬跨步跑：选择有一定长度的台阶，以最大的步幅，由下往上冲跑，每步跨越2~3个台阶。前腿充分抬高，后腿充分后蹬，要有一定的弹性和节奏。此练习主要发展腿部力量。

③ 1级台阶单脚快速跳：选择有一定长度的台阶，以单脚快速地由台阶底层一步一级地跳到顶层，然后跑回底层，再换另一只脚跳，如此反复进行，动作频率要快。

④ 1级台阶双脚快速跳。

2. 下坡冲跑练习

选择斜坡，进行下坡冲刺跑练习，步频要快。

3. 快速超越障碍物练习

以规定的动作方式，快速迂回绕过60米距离中放置的障碍物。

（三）移动速度训练

1. 不同距离的直线冲刺跑练习

① 10米冲刺跑：训练从静止到迅速加速的能力。

② 30米加速跑：训练起动后速度持续加快的能力。

③ 60米途中跑：训练将能达到的最快速度保持一定距离的能力。

④ 100米冲刺跑：训练途中跑获得的速度不仅不下降，而且还要尽可能地有所加快的能力。

⑤ 200米、400米中距离跑：此项练习是提高速度耐力的有效手段。

2. 往返冲刺跑练习

① 折返跑：采用5米、8米、10米或15米不等的距离进行数次来回冲刺跑的练习。要求接近终点时不降低速度，保持最快的速度立即转身折返跑。注意：为了保持速度不降低，冲刺跑的距离不宜过长，往返次数也不宜过多。

② 10米前、后冲刺跑：从起点快速跑至终点，再由终点快速后退跑至起点，如此反复练习。

③ 10米左右侧向并步跑：以右脚在前、左脚在后并步侧向跑至终点，再以左脚

在前、右脚在后并步侧向跑回起点。练习时可用两种姿势，一种以直立姿势跑，另一种以半蹲姿势跑，都要求以最快速度完成。

3. 接力跑练习

① 把学生分成若干组，各组人数相等。听到口令后各组的第一个人开始向终点冲跑，跑至终点迅速绕过标志物往回跑。跑回起跑线时迅速拍击下一位同伴，同伴以同样的方式开始冲刺跑，以此方法持续练习，以最先跑完一轮的小组为胜。

② 把参加训练的学生分成两组，每组6人，在地上画两条平行线，两线之间相距2米。各组学生间都有一定的距离，沿平行线站成纵队。听到起跑令后，站在最后的学生拿球以蛇形方式依次绕过同队队友跑到队前，再立即把球抛给本组的最后一名，接到球的学生做同样的蛇形跑，依次进行。以率先完成传球并在跑的过程中未触及本组队友的小组为胜。

四、专项速度素质训练内容与方法

专项速度素质训练主要围绕提高羽毛球运动所需要的反应速度、起动加速度、变向移动速度、挥臂速度和前后场配合的连贯速度等方面进行。下面介绍专项速度素质训练的内容和方法。

（一）专项视听反应速度训练

① 场地步法：听或看信号、手势进行快速全场移动步法练习，以及前场、中场和后场各种分解与连贯步法练习。

② 并步、垫步步法：看手势，向前、后、左、右进行并步、垫步步法练习，以提高反应速度。

③ 击球挥拍动作：听到1、2、3、4的口令后，按照预先规定的姿势做击球挥拍动作练习。

④ 起动步法：听或看信号做起动步法练习，提高判断反应速度。

（二）专项动作速度训练

1. 多球练习

① 快速封网：练习者在前发球线附近准备，陪练者在场地另一侧快速持续发平射球，练习者在快速移动中反复做网前封网。

② 多球双打快速接杀球：练习者在场地中部，陪练者在场地另一侧前场，快速向练习者近身位置击球，练习者用正、反手姿势快速进行防守反击练习。

③ 多球双打快速平抽快挡：练习者在中场位置以防守反攻站位准备，陪练者在场地另一侧从中场快速持续向练习者扣球，然后双方连续平抽快挡，球失误后，迅

速发下一个球，不间断地反复练习。

④ 多球前场快速接吊、杀球：练习者在中场位置以防守站位准备，陪练者在同侧场地前场位置用杀球和吊球线路向练习者抛球，练习者连续做被动接吊、杀球练习。

⑤ 多球扑球：练习者在网前位置准备，陪练者在场地另一侧用多球快速向练习者抛近网小球，练习者做正、反手姿势快速扑球或推球练习。

⑥ 快速击全场球：练习者在单打场地中心准备，陪练者在场地另一侧运用多球向练习者发各种位置的球（适当缩小移动距离），练习者跟上发球速度，连续快速地回击。

2. 快速跳绳练习

① 单足快速变速跳：采用1分钟快、1分钟慢的小碎步步频、高抬腿、前后大小交叉步等专项步法，做快速变速跳绳练习。

② 1分钟快速双摇跳：1分钟内以最快速度完成双足双摇跳，要求突出速度，以次数多者为佳。

3. 对墙击球练习

① 以封网动作快速击球：面对平整墙壁距离1米左右站立，在头前上方以封网动作用前臂和手腕发力向墙壁连续快速击球。

② 接杀球击球：面对墙壁站立，用接杀挑球或平抽球动作快速向墙壁连续击打体前腰部上下位置的球。

4. 快速挥臂练习

① 肩上手腕前屈后伸快速持续挥拍：持拍手臂贴耳置于肩上，上臂和前臂伸直不动，仅靠手指控制握拍，手腕以前屈后伸动作做快速持续挥拍练习。

② 前臂屈伸快速挥拍：持拍手臂贴耳置于肩上，上臂不动，以肘为轴，仅以前臂用后倒前伸击球的动作做快速持续挥拍练习。

③ 前臂体侧前后摆动挥拍：持拍手置于与肩齐平的高度，手肘微屈并前后摆动，用类似抽打陀螺的动作做快速摆臂练习。

④ 快速抽球动作挥拍：按信号或节拍做各种正、反手快速持续抽球挥拍练习。

⑤ 快速连续杀球动作挥拍：上下肢协调配合，用完整杀球动作快速持续做挥拍练习。

⑥ 手腕快速绕"8"字挥拍：持拍手在体前，以肘为轴固定不动，手指放松握拍，仅用手腕沿"8"字形线路快速持续做挥拍练习。

5. 下肢快速动作练习

① 小碎步。

② 高抬腿。

③ 向前、向后踢腿。

④ 变速转髋。

⑤ 体前左右交叉跳。

⑥ 小垫步向前接着向后蹬转。

6. 跨越障碍物练习

将障碍物摆放成各种形状，练习者以各种跑跳姿势快速穿越或跳越这些障碍物。

（三）专项移动速度训练

① 运用羽毛球步法进行直线进退跑、左右两侧跑、低重心四角跑。

② 杀球上网步法：先快速连续完成后场左右移动跳跃步杀球动作，再迅速接着做上网步法。

③ 场地四角步法：沿半个球场的长方形边线快速冲跑，在转角处变换方向要快。标出场地前发球线与单打左右边线相交的两点及双打后发球线与单打左右边线相交的两点，练习者从场地中心位置开始，以向前、向后步法快速向这4个点移动，当前跨步成弓箭步时，迅速用手触标出的点，然后立即返回，再快速向另一侧做。移动的步幅要大，要到位，触摸标出的点后回动要快。

第五节 耐力素质训练内容与方法

一、耐力素质含义

耐力素质是指人体长时间活动或抵御神经、肌肉疲劳的能力。耐力素质是一种重要的基本运动素质。生物学方面影响耐力素质发展的主要因素是神经过程的稳定性、快慢肌纤维的比例、肌糖元的储备量、最大摄氧量水平、人体负氧债能力、意志品质的坚毅性等。训练学方面影响耐力素质发展的主要因素是训练方法、训练手段、负荷性质、负荷强度、练习次（组）数、训练频度、恢复方法等。发展耐力素质除对提高耐力性运动项目的专项运动成绩具有直接的作用外，对其他运动项目，尤其是对各种技能类对抗性项群运动水平的发展亦有重大意义。在训练与比赛中，运动员克服疲劳的能力越强，坚持运动的时间越长，说明其耐力素质水平越高。耐力素质的训练，除对人体呼吸系统、血液循环系统的影响极其显著外，对肌肉耐力的提高也具有极大的作用。

羽毛球选手的耐力素质是指选手长时间持续进行运动的能力，也称抗疲劳及疲劳后快速复原的能力，或坚持激烈活动的能力。根据长时间持续强度和能量供应的特点，羽毛球运动要求选手在一定时间内保持快速运动，耐力素质以无氧供能速度耐力为主，基础耐力素质是运动的基本素质。根据专项运动特点，耐力素质训练中，在提高基础耐力素质的同时，应注意发展专项速度耐力，保证在比赛中持续快速运动的能力。

二、耐力素质训练基本要求

（一）耐力素质训练应遵循能量代谢规律

耐力素质是以不同能量供应形式为基础的，要提高短时耐力水平，就必须提高人体的无氧代谢能力；要提高中时耐力水平，就必须提高有氧无氧混合供能能力；要提高长时耐力水平，就必须提高糖元尤其是游离脂肪酸的有氧分解释能水平。这是耐力训练必须遵循的基本原则。

（二）耐力的能量供应方式呈多元化

耐力的能量供应方式比较复杂，所包含的运动项目种类繁多，所采用的训练方法及手段也多种多样，因此，必须仔细分析、认真规划、科学安排负荷。

（三）耐力素质训练应当与技术训练高度结合

对于非周期项目的多数球类运动来讲，负荷强度、运动形式及能量供应方式经常处在不规律的变化之中，因此，其耐力素质训练必须要以有氧耐力训练为基础，无氧耐力训练为目的，以随机变化的负荷强度为练习的主要方式，并寓技术练习于耐力训练之中。这样既有利于提高专项耐力水平，又能确保技术动作在长时间的训练过程中具有稳定性。

（四）耐力素质训练应以发展有氧耐力为基础

耐力素质训练应以发展有氧耐力为基础，混合代谢供能能力和无氧代谢能力为训练目的。同时，应根据负荷时间与能量消耗的关系确定训练重点。

三、基础耐力素质训练内容与方法

（一）中等距离或长距离跑步训练

① 400米、800米快速跑：保持一定的速度，发展速度耐力。
② 1 000~5 000米不等长距离跑：基础耐久能力训练。

③ 长距离变速跑：在相当长的距离内，如 2 000 米、3 000 米或 5 000 米以上，采用快慢交替的方式进行变速跑。

④ 越野长跑：在郊外，规定一定的时间和距离进行长跑。

（二）上下肢和躯干力量耐力训练

参考力量素质练习中上下肢和躯干力量的练习内容，根据具体情况，以小重量、多次数的方法进行练习，发展力量耐力。

四、专项耐力素质训练内容与方法

羽毛球运动所需要的专项耐力不同于身体素质类长跑运动项目所需要的长时间的持续耐力，而是一种快速运动状态下间隔时间长短不一的速度耐力。对抗中多次的反复快速起动、位移、击球动作，持续的快速运动贯穿整场比赛，速度耐力素质在羽毛球运动中起着极其重要的作用。因此，专项耐力素质的训练应以发展强度高、间歇短的速度耐力为主。

（一）冲刺跑加移动步法

200 米、300 米或 400 米全力冲刺跑后，立刻进行 45 秒或 1 分钟全场移动步法练习，完成两项内容为一组，中途无间歇，组与组之间可间歇 3 分钟左右。依据选手的具体情况，可采用 2 组、3 组、5 组不等的练习负荷。

（二）长时间综合跑跳

内容可参见专项灵敏素质练习，但要延长练习时间，加大负荷量。

（三）长时间单、双脚跳绳

采用专项速度素质训练中的跳绳练习，但要延长练习时间，加大负荷量。

（四）多球速度耐力

运用多球进行全场各种位置的连续击球练习。多球练习的次数可视个人情况灵活掌握，但每次练习均应在快速动作前提下有一定的基础数量，以达到速度耐力训练的目的。

① 多球后场定点连续击高、吊、杀球：陪练者用多球持续向练习者的后场发高球，练习者连续不停地进行高、吊和杀球练习，在熟练技术的同时，增强手臂的击球耐力。

② 多球连续被动接吊、杀球：陪练者用多球定点或不定点地向练习者的前场左

右两点和中场左右两点抛球，练习者做全力迎接抛来的类似吊球或杀球练习。陪练者抛球时应适当增加练习者的接球难度，以让练习者"接被动球"为主。

③ 多球连续全场杀球上网：陪练者持续地用多球向练习者场区一前一后固定的路线发球，练习者进行杀球后快速上网搓球练习。陪练者应控制好发球的速度，以锻炼和发展练习者场上移动的速度耐力。

④ 多球双打后场左右连续杀球：陪练者用多球持续地向练习者后场左右区发高球，练习者连续不停地快速左右移动起跳杀球。这项练习是为了提高双打后场选手连续进攻的能力，因此，陪练者需要控制好发球的速度和范围，以保证练习者快速、持续地移动杀球。

⑤ 多球全场封杀球：陪练者用多球以右后场—右中场—右前场—左前场—左中场—左后场的顺序向练习者发球，练习者从右后场起跳后，迅速向前跟进至右中场持续杀球，再向前压到右前场封网，再连续向左前场移动封网，再后退一步至左中场起跳杀球，再后退至左后场做起跳头顶杀球。至此，完成一轮封杀练习。可持续完成几轮，以提高双打的速度耐力。

⑥ 多球全场跑动：陪练者用多球不间断地不固定地向练习者场区前、后、左、右几个点发球，使练习者持续不断地做全场奔跑救球，以发展专项移动的速度耐力。

（五）单打持续全场攻防

用5~6个球，一人专门负责捡球，出现失误时，不间断地立即再次发球，使练习者没有间隔，在规定时间内保持较高速度反复移动击球。

① 二打一式20或30分钟不间断持续全场进攻。这是单打进攻的加强式练习，目的是在熟悉各项技术的同时，提高练习者场上的速度耐力。方法是：练习者在场地一侧全力快速地组织球路向对方发起进攻，陪练者两人采用分边站位立于场地一侧，各负其责地守住自己一侧的来球。通常情况下，当练习者以平高球进攻时，陪练一方再回后场高球。如果练习者采用吊球或杀球进攻，陪练者即可回挡网前小球。练习时，双方可持续进行多拍，以减少捡球时间，提高练习的强度。

② 三打一式30分钟不间断持续全场接四角球和接吊杀球。这是单打防守的加强式练习。方法是：陪练者的一方为3人，1人站网前，2人分站后场两点，以加强进攻的威力；练习者站在场地的另一侧，全力快速地防守对方的来球。通常情况下，陪练者以平高球进攻后场，练习者一般回高球；陪练者吊球或杀球下压进攻，练习者可任意回球。练习时，双方可持续进行多拍，尽量减少捡球时间，提高练习的强度。

③ 三打一式、四打一式单打全场或双打半场、全场防守。这是一种双打防守的加强式练习。练习时由3人或4人陪练，目的是加强攻击力，加大对抗的难度，全面提高练习者的防守能力。方法是：陪练者分别站位于场地一侧的前场和后场的几

个位置，以后压前封的形式全力进攻；练习者可以是1人或2人，如为1人，则守住半块场地的来球，如为2人，则分边站位，各负责防守半场的来球。

第六节　灵敏素质训练内容与方法

一、灵敏素质含义

灵敏素质是指在各种突然变化的条件下，运动员能迅速、准确、协调地完成动作的能力。灵敏素质是一种重要的复合运动素质，是各基本运动素质、运动技能及心理感知能力的综合体现。衡量灵敏素质的标志主要是快速性、准确性、协调性和应变性。其中，快速性主要反映在运动员的反应速度、判断速度、动作速度、爆发力等因素上；准确性主要反映在运动员时空判断、本体感受、肌肉用力的准确性上；协调性主要反映在运动员的平衡能力、模仿能力、技能储备数量等因素上；应变性主要反映在运动员能对各种外部环境的突然变化具有较高预判能力和应付能力，这是其区别于协调素质的重要标志之一。在实践中，衡量灵敏素质的快速性、准确性、协调性的因素如表5-1所示。

表 5-1　灵敏素质结构*

特　征	因　素
快速性	反应速度，判断速度，动作速度，曲线位移能力，爆发力
准确性	时空判断准确性，动作用力准确性，肌肉体感准确性
协调性	平衡能力，神经支配能力，模仿能力，运动技能储备量

灵敏素质的发展对于学习、掌握、提高运动技术，创造高难度技术动作具有十分特殊的作用。影响灵敏素质发展的主要因素是神经活动过程的灵活性、时空判断的准确性、基本素质的影响性、运动技能的储备量、动作结构的合理性、气质类型的适宜性等。在灵敏素质训练中，应根据影响灵敏素质发展的诸因素和专项灵敏素质的特点，科学地实施灵敏素质训练，才能最大限度地提高灵敏素质。

灵敏素质是对抗性项群的主要运动素质之一，是掌握和完善高难度、复杂技术与战术的基础，是正确运用战术、发挥战术功能的前提，也是应付各类意外事件的

---

* 胡亦海. 竞技运动训练理论与方法［M］. 武汉：湖北人民出版社，2005：108.

必备素质。除此之外，灵敏素质的高度发展亦可预防伤害事故的发生。

羽毛球运动击球速度快，对身体灵敏性要求很高，特别是下肢步法。在场地上要进行各种急起、急停、曲线、直线、前后左右移动、上下位置的转向与跳跃等快速挥臂击球，灵敏性对技术、战术的运用和提高有至关重要的作用。灵敏素质训练包括对上肢、下肢和躯干部位的训练。

二、一般灵敏素质训练内容与方法

（一）抛接羽毛球训练

① 将球向上抛起，即刻下蹲，双手触地，再迅速站起用右手将球接住。练习中可以游戏方式进行，如做连续接 10 次球的比赛，以协调配合好、完成速度快者为胜。

② 持球，右腿直腿抬起，同时用右手将球从抬起的右膝下向左上方抛起，再用左手接住，以此方法反复进行练习。

③ 两臂侧平举，用右手将球经头顶向左侧方向轻轻抛出，左手接住球后，以同样的方法经头顶向右侧抛球，右手接住，如此反复练习。

④ 两臂向前平举，用右手将球从左臂下面向上抛起，再用右手接住，连续做数次后，再换左手做同样的动作，如此反复练习。

⑤ 用右手将球向上抛起，同时原地起跳向左转体 360°，然后接住球。再换左手做同样的动作，但要向右转体 360°，如此反复进行练习。

⑥ 单脚站立，同侧手将球从身后经肩上方抛向身前，再用抛球手接住，接球后才能把提起的脚放下。再换另一只脚站立，用另一只手做同样的抛球接球练习，如此反复进行。

⑦ 两脚左右开立，上体前屈，一手持球经胯下将球从背后抛向身前，然后身体快速站直将球接住，反复练习。

⑧ 在地上画 1 米左右的直线，两端各放一球，练习者手持球站在线的中间向上抛球后，迅速弯腰分别拾起地上左右两端的球，再接住落下的球，如此反复练习。

（二）灵敏游戏训练

① 持球过杆：在长 20 米的直线上插 10 根杆，练习者持拍向上抬球，同时沿曲线绕杆做接力跑练习。

② 踢球过人：甲、乙二人相距 6 米面对面站立，丙站在甲、乙中间，甲、乙二人力争将羽毛球踢过丙并由对方接住球，丙则尽力截击踢过来的羽毛球。

③ 圈内截球：数人围成一圈，根据练习人数的多少，决定圈内进 1 人或 2 人。

圈外的人在圆圈空间范围内将羽毛球来回传递，圈内练习者则设法截击，触到球为截击成功，被截住球的传球者则被换进圈内，继续练习。

④ 小沙包击人：在一个长约 8 米、宽约 4 米的场地内设防守者，进攻者站在场地纵向的两端，以小沙包击防守者。若防守者的身体任何部位被沙包击中，则被罚下，直到全部防守者被罚下场为止，然后交换攻守，继续练习。

（三）变向能力训练

① 过人：在地上画一条横线，练习者两人面对面站在线的两侧，一攻一守。进攻者设法越过横线而不被防守者触及身体，防守者则伸开双臂阻拦进攻者，设法不让他越过横线，练习移动中的变向能力。

② 抢球：练习者分为两个小组，一组传接羽毛球，另一组则设法截夺，截夺成功则交换角色，看哪一方控球时间长。要求控球者不能长时间持球，必须不停地传接球。

三、专项灵敏素质训练内容与方法

专项灵敏素质是运动技能和各种素质在运动中的综合表现。羽毛球击球最大飞行时速达 300 多千米，球体在空中飞行速度快，方向变化多，对身体的灵敏性提出了更高的要求。

（一）上肢灵敏性训练

1. 手腕前臂灵敏性训练

① 快速、变向用手接各种前半场小球：练习者站在中心位置，陪练者向其前场两点和左、右两角抛球。练习者以低重心配合跨步用双手接球，然后立即抛给陪练者，同时迅速退回中心位置，准备接第二次来球，如此反复练习。

② 快速左、右、前、后一步腾空接球：练习者站在中心位置，陪练者向其左、右两侧的高空抛球，练习者判断来球后侧身跃起，用类似足球守门员的动作在空中接球，再抛给陪练者，同时迅速退回中心位置，准备接第二次来球，如此反复练习。

③ 快速用手接前、后、左、右、上、下位置的来球：练习者站在中心位置，陪练者向其前、后、左、右、上、下 6 个点抛球，练习者向来球方向移动，并用双手接球，再立即抛给陪练者，同时迅速退回中心位置，准备接第二次来球，如此反复练习。

2. 手指灵敏性训练

① 捻动拍柄：手持拍柄，用手指捻动拍柄做左、右、上、下转换拍柄位置的练习。

② 抛接球拍：将手持的球拍向前、后、左、右、上方抛起，再用手迅速接住，如此反复练习。

③ 持拍绕环：两手各持拍，在各自的同侧前方位置顺时针或逆时针方向做手腕大绕环练习；或两手做不同方向的大绕环练习；或两臂交叉，在异侧做大绕环练习。

（二）综合灵敏性跳绳训练

跳绳是发展羽毛球专项素质能力的一种行之有效的手段，它不仅可以加强大腿、小腿、踝关节、手腕和前臂的力量，而且对发展上下肢协调配合的灵敏素质有很大帮助。

① 前后小交叉步、大跨步交叉跳绳。
② 高抬腿跳绳。
③ 双脚前、后、左、右跳绳。
④ 起动步法跳绳。
⑤ 左、右脚花样跳绳。
⑥ 向右、向左转髋跳绳。

（三）下肢综合跑训练

① 小步跑。
② 高抬腿跑。
③ 后蹬跑。
④ 后踢腿跑。
⑤ 垫步跑。
⑥ 左右侧身并步跑。
⑦ 前后交叉步侧向移动跑。
⑧ 体前交叉转髋。

（四）髋部灵活性训练

① 快速转体。
② 前、后交叉起跳转体。
③ 原地转髋跳。
④ 高抬腿交叉转髋。
⑤ 收腹跳。
⑥ 前、后、左、右转体垫步移动。

第七节 柔韧素质训练内容与方法

一、柔韧素质含义

柔韧素质是指人体各关节活动范围的大小，肢体运动的幅度，肌肉肌腱、韧带等软组织的伸展能力。柔韧素质是一种重要的基本运动素质。生物学方面影响柔韧素质发展的主要因素是关节和骨头的结构、关节周围组织的伸展性、肌肉纤维弹性等。训练学方面影响柔韧素质发展的主要因素是训练方法、训练手段、环境温度等。发展柔韧素质除对某些复合素质和其他基本素质具有重大作用外，对提高技术、战术水平具有极大意义，尤其是对表现性运动项群意义更大。实践中，判断运动员柔韧素质水平的标准是测量运动员所做某一动作的幅度。柔韧素质水平取决于关节的灵活性、韧带与肌肉的弹性和神经系统对肌肉的调节能力。此外，柔韧素质的良好发展将能避免伤害事故的发生。运动负荷后，肌肉疲劳、僵硬而缺乏弹性，此时系统地进行一些柔韧素质训练，将肌肉韧带最大限度地拉长，能改善肌肉状况，有利于身体各部位肌肉、关节和韧带的恢复与发展。

二、柔韧素质训练基本要求

（一）柔韧素质训练要与力量素质训练适当结合

柔韧素质训练需与力量素质训练相结合，这不仅旨在保证两种素质同时提高，更重要的是可以避免或消除两者之间的不良转移。要十分注重柔韧性训练后的放松练习，使肌肉练得柔而不软、韧而不僵。

（二）柔韧素质训练应以专项要求为准

柔韧素质的最佳发展程度，不能以运动员争取达到关节活动幅度的最大限度为原则。对多数运动项目来讲，柔韧素质发展到能够满足专项技术的需要即可。倘若发展过度，则会引起肌肉失去弹性的不良后果。

（三）柔韧素质训练应当坚持不懈地进行

柔韧性的发展比较容易见效，但一旦停止一段时间的训练，则易使柔韧素质消退。因此，柔韧素质训练要经常进行，特别是专门柔韧素质训练更需如此。

三、一般柔韧素质训练内容与方法

（一）拉长身体各部位韧带训练

① 屈体：两脚左右开立，与肩同宽，两臂以稍比肩宽的距离斜上举，上体尽量前屈，双手先在左膝后击掌，再在右膝后击掌，如此反复进行。

② 伸展：两脚左右开立，与肩同宽，两臂在胸前平屈（掌心向下），随上体向左转而向两侧展开，向后振臂拉长韧带，还原后再随上体向右侧做同样的动作，如此反复进行。

③ 振臂：直立，上体挺直，两臂前平举，尽力侧开向后振，恢复准备姿势后重复后振，如此反复进行。

④ 触摸脚尖：两脚左右开立，比肩稍宽，两臂自然下垂。上体前屈，以左手指尖触摸右脚尖，再以右手指尖触摸左脚尖，如此反复进行。

⑤ 体侧屈伸：两脚左右开立，与肩同宽，左手叉腰，右臂向上伸直，上体向左侧屈，做侧屈伸练习。再以右手叉腰，左臂向上伸直，向右侧做右侧屈伸练习。侧屈时，叉腰的手可加推力。

⑥ 转腰：两脚左右开立，与肩同宽，两手扶后脑，上体反复向左右两侧做转体动作，先向右转，再向左转，如此反复进行。转体时两脚不动。

⑦ 开合跳跃。

⑧ 弓箭步。

（二）拉（压）韧带训练

① 正面压腿。
② 侧面压腿。
③ 后压腿。
④ 劈叉。
⑤ 压肩。
⑥ 下腰。

四、专项柔韧素质训练内容与方法

关节活动幅度大,肌肉和韧带的伸展度好,有助于高质量地完成各种位置的击球动作。柔韧素质的好坏关系到上下肢和躯干协调性的好坏,直接影响运动中完成各种技术动作的质量。

(一) 发展上肢各关节韧带伸展性训练

① 绕肩。
② 转动肘部,手腕做绕环。
③ 持拍做肩部大绕环。

(二) 发展下肢各关节韧带伸展性训练

① 拉跟腱。
② 踢腿。
③ 弓箭步跨步。

(三) 发展腰部伸展性训练

① 绕环。
② 转腰。

第六章
羽毛球运动损伤与预防

第一节 羽毛球运动损伤发生原因

运动损伤发生的原因众多,从运动者自身来说,包括主观原因和客观原因两个方面。主观原因是运动员自身的不足,比如赛前准备不足、体能储备不足、技术动作不合理、精神不集中、选择与自身水平不符的动作难度或强度等。客观原因则包括运动项目的特征及场地、器械、对手情况和医务监督缺乏等。由此可见,运动损伤的发生具有一定的规律性,掌握其发生的规律性,就可以把运动损伤的发生率降低到最低限度。

一、运动训练水平不足

从运动训练学角度分析,训练包括基础身体训练和专项技术训练两类。而运动成绩的获得需要运动员心理、技能、体能、战术、智能五个方面素质的综合应用。任何一个方面出现问题,就可能导致动作应用的不合理,出现运动损伤。从生理学角度来讲,运动技能的形成是条件反射的建立过程。在这个过程中,若训练水平不够、动作要领掌握不好、战术运用不当、心里过于紧张,则会导致运动技能形成过程中条件反射的定型不能得到很好的巩固,就容易发生意外伤害。比如,在步法和击球技术方面存在明显的错误,若不加以改进和纠正,则必然会造成局部的运动损伤。

二、运动员的生理状态不良

运动员的生理状态不良,一方面是由运动员的生物节律造成的,另一方面是由

长期的高负荷训练致运动性疲劳造成的。女运动员正好在生理周期时比赛，容易造成运动成绩下滑。长时间的高强度训练，导致运动员疲劳的累积，则力量动作精确度与协调平衡能力会显著下降，或者注意力减退、机体反应迟钝等，这些都是导致损伤发生的主要原因。当运动员疲劳时，即使平时非常熟练的技术动作也会发生变形，从而引起严重的损伤。因此，为了防止意外事故的发生，必须禁止在剧烈运动后接着进行技术复杂和要求精确的动作。

三、准备活动不充分

运动前做准备活动，无论是对专业运动员还是对体育爱好者，都非常重要。准备活动的意义主要有三个方面。第一，可以通过活动全身各关节肌肉提高肌肉温度，预防运动损伤。体育锻炼前进行一定强度的准备活动，可使肌肉内的代谢过程加强，肌肉温度升高。一方面，可使肌肉的黏滞性下降，提高肌肉的收缩和舒张速度，增强肌力；另一方面，还可以增加肌肉、韧带的弹性和伸展性，减少由于肌肉剧烈收缩造成的运动损伤。第二，可以提高内脏器官的机能水平。内脏器官的生理惰性较大，即当活动开始，肌肉发挥最大功能水平时，内脏器官并不能立即进入最佳活动状态。在正式开始体育锻炼前进行适当的准备活动，可以在一定程度上预先动员内脏器官的机能，使内脏器官的活动一开始就达到较高水平。另外，进行适当的准备活动还可以减轻开始运动时由于内脏器官的不适应所造成的不舒服感。第三，可以调节心理状态。体育锻炼不仅是身体活动，而且也是心理活动，多项研究表明，心理活动在体育锻炼中起着非常重要的作用。体育锻炼前的准备活动可以起到心理调节作用，接通各运动中枢间的神经，使大脑皮层处于最佳的兴奋状态，从而投身于体育锻炼之中。准备活动时间应在 10~15 分钟，不合理的准备活动会增加运动损伤发生的风险。

在羽毛球准备活动中，主要存在下列一些问题。

① 担心训练时间不够，未做准备活动或准备活动做得不充分。

② 准备活动的内容与训练的基本内容结合得不好，或缺乏专项的准备活动。

③ 准备活动的运动量过大，使运动员在进入正式项目内容训练时，机体已处于疲劳或机能下降的不良状态，这在儿童的日常训练中尤其要引起注意。

④ 准备活动后与正式运动的间隔时间过长，准备活动的作用早已降低或消失。

⑤ 准备活动未按循序渐进、区别对待的原则进行。有些运动员在做准备活动时就会出现运动损伤。究其原因，多半是过于急躁、匆忙地做准备活动，或局部负荷一开始就过大，做准备活动时未按运动员的年龄大小、性别差异、训练水平高低、易伤部位机能情况、受伤部位康复程度等特征，采取区别对待的原则。为此，要重视准备活动，做好准备活动，准备活动的量与内容应依据训练内容、比赛情况、个

人机能情况、气息与场地条件等科学地制定。严禁不做准备活动就投入训练和比赛。准备活动要充分，有针对性，既要有一般性准备活动，也要有专门性准备活动。对正式运动所负担较重或容易受伤的部位，要有专门的针对性内容和方法。对曾经损伤过的部位，要更加重视做好准备工作。在准备活动中，应适当地进行一些力量练习内容，对提高肌肉温度、改善肌肉功能、增强肌肉抗拉伤能力是很有益处的。

四、其他原因

除了上述原因外，身体机能状况不佳（如伤病后、体力不好、精神疲劳等）和场地问题（过滑、不平、过硬、有异物或水），在羽毛球运动损伤致因中占有相当高的比例。因运动员穿着的鞋袜不合适（过大、过紧、鞋底太硬等）、采光系统不适宜等因素而引起的运动损伤也时有发生。

因此，在运动时，应防止身体劳累与精神疲劳，保养好运动场地，保证场地清洁、运动服饰适宜，注意环境条件的变化，等等，必将对有效预防运动损伤起到积极的作用。

第二节　羽毛球运动损伤特征

对专业运动员来说，羽毛球运动所要求的是反应的敏捷性、关节的柔韧性和肌肉的爆发力等基本素质，这些素质必须过硬。虽然运动中表现的是多种多样的技术，但是身体的负担主要集中在上肢肩胛带、肘部和腰部。

肩部损伤是羽毛球运动的主要损伤，大力抽杀及不同方向的救球，肩袖反复受到牵拉和摩擦，很易损伤。

肘部损伤也十分常见，主要有肘外侧前臂伸肌群或内侧前臂屈肌群的起点处损伤。损伤机制是起点处肌腱组织发生微细断裂。肘内侧损伤是由于羽毛球的扣球动作所致，这与棒球运动中投球动作类似；肘外侧损伤则类似于网球肘，若在前臂伸肌的肌腹部使用支持绷带，可以使肱骨外上髁方向的力得到释放，达到预防和改善肘外侧疼痛症状的作用。反复跳跃、急跑骤停，使下肢的应力主要集中于膝部，造成髌韧带、髌骨附着部微小断裂，最后发展成慢性劳损。膝部伤病还有膝滑膜皱襞损伤，常见于膝内侧。这是由于羽毛球运动员常处于膝半屈状态，该体位容易将内侧滑膜皱襞挤压入股骨内侧髁和髌骨内侧关节面之间，从而引起膝关节滑膜炎。

羽毛球运动的损伤部位中，以下肢各部位的损伤为主，其次是上肢各部位损伤与躯干部位损伤。在下肢损伤中，以膝关节部损伤最为多见，其次是踝关节部损伤，再次是足部损伤、小腿与大腿部损伤；在上肢损伤中，以肩部损伤最为多见，其次是肘关节部损伤；在躯干部损伤中，以腰部与骶部损伤最为多见。羽毛球运动损伤各部位发生概率如图6-1所示。

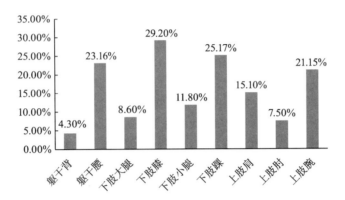

图 6-1　羽毛球运动损伤各部位发生概率

第三节　羽毛球运动常见损伤症状与处理

进行任何一项体育运动，如果锻炼的方法不当，都可能使身体造成一些损伤，羽毛球运动也不例外。由于羽毛球运动是隔网项目，竞赛双方的身体不会发生直接碰撞，所以与其他运动项目相比，发生运动损伤的概率并不算高。但由于羽毛球运动强度大，比赛时间长，身体局部负担较大，如果运动方法不当，也会造成一些运动损伤。

一、擦伤

原因及症状：擦伤是羽毛球运动中较为常见的一种皮肤开放性损伤。它多因摔倒后皮肤与地面摩擦及球拍意外撞伤所致。

现场处理：小面积的、浅层的、创伤面无异物的皮肤擦伤，最好先用生理盐水冲洗消毒，然后在局部涂抹2%的红药水。如遇擦伤，最好不要暴露治疗，否则皮肤容易干裂而影响运动。如有异物嵌入皮肤或大面积的擦伤，极易发炎和感染，要用生理盐水彻底冲洗伤口，将污物清除，再用涂抹凡士林油的纱布覆盖，并以绷带加压包扎。污染严重的伤口，必须由医生进行清创术，使用抗菌药物并注射破伤风抗毒血清。

二、肩关节损伤

原因及症状：这类损伤主要是由于击球的技术动作不合理或练习中局部负担过重造成的。表现为挥臂击球时肩关节感到明显疼痛，不能做大力发力动作。常见的肩部运动损伤有肩袖损伤、肱二头肌长头肌腱损伤，不慎摔倒时还可能发生关节脱位。

现场处理：发生急性损伤时，首先要对局部进行冷敷，可以采取冷水冲洗或冰袋冷敷等措施，持续时间15~20分钟，然后用细带进行加压包扎24小时，同时限制受伤肢体活动，24小时后可以进行轻微活动，逐步恢复锻炼，锻炼时间取决于损伤的程度。

改善措施：平时可以通过杠铃推举、卧推和利用单杠做引体向上等方法进行肩部力量练习，或者将一定重量的物品置于肘部平举，使之与肩同高，持续1~2分钟为一组，每次4~6组，每组间歇时注意放松，放松时肩部进行正压、反拉及前后绕环练习。另外，运动前可适当进行肩部的柔韧性练习。

三、肘关节损伤

原因及症状：这类损伤主要是由于技术动作不合理或局部练习负担过重造成的。表现为肘部不动时无疼痛感，击球发力即疼，肘关节活动范围受到限制。

现场处理：发生肘关节损伤时，可能出现前臂长度改变、肘关节后部出现凹陷、关节活动障碍等现象。这时必须减少受伤肢体的活动量，特别要减少反拍击球的次数，以利于损伤的恢复。如果发生肘关节脱位，要尽快送医院进行处理，不要让非医务人员进行复位。

改善措施：平时应多采用俯卧静立支撑、杠铃弯举等方法加强该部位力量。练习时肘部稍弯曲，练习量视各自情况而定，以每次练习至手部支持不住为宜，或持小沙瓶做绕"8"字练习，持羽毛球拍做前臂绕"8"字挥拍练习，或握小哑铃做前臂屈伸练习。恢复期间练习时可带护肘或弹性绷带防护。

四、手腕关节损伤

原因及症状：这类损伤主要是由于技术动作错误、手腕力量薄弱及手腕局部负荷量过大而引起的。表现为击球发力时手腕无力或疼痛。常见的手腕损伤有腕三角

软骨盘损伤、桡骨茎突腱鞘炎。

现场处理：一般的扭伤或撞伤，可在伤处冰敷 20 分钟。冰敷后，如果手腕在活动时仍受到限制并感觉疼痛，应送医院处理。如果活动时的疼痛在可以忍受的范围内，在保护后可以重新回到运动场。若在伤后 24 小时伤处的肿胀与疼痛仍持续，则应送医院处理。

改善措施：平时可以用小哑铃做腕部屈伸练习，增加腕部力量。练习次数与重量视个人情况而定，以每次练习出现前臂酸胀为宜；也可以用砖头替代重物进行练习，改善腕部肌肉活动能力，同时发展手指力量。必要时可佩戴护腕或弹性绷带以加强防护。

五、膝关节损伤

原因及症状：这类损伤通常是由于步法技术动作不合理及膝关节局部负担过重造成的。表现为膝关节酸痛无力或活动时膝部稍弯曲就疼痛。常见的膝关节损伤有膝关节侧副韧带损伤、十字韧带损伤、半月板损伤等。

现场处理：与发生肩关节急性损伤时处理的过程基本相同。首先要对局部进行 15~20 分钟的冰敷，然后进行加压包扎，限制受伤肢体活动，休息时将伤肢抬高。24~48 小时后可以进行理疗、按摩等，同时尽快找医务人员进行处理。

改善措施：可以利用杠铃做负重蹲起训练，以提高膝关节的肌肉力量，或者采用静蹲的静力性练习来增加膝部力量。做加大力量练习时，屈膝的角度可由出现膝痛的角度开始，慢慢加大到 90°（度）。每次练习时间可由 5 分钟开始，慢慢延长到 30 分钟以上。练习时，以股四头肌出现轻微的抖动为宜。训练时可戴护膝。

六、跟腱和踝关节损伤

原因及症状：这类损伤与运动员的技术动作有缺陷或错误、动作比较僵硬或不协调、场地过硬、运动鞋袜质量较差等有关。一般表现为跟腱部位疼痛，尤其是跳起着地时、后腿支撑或做蹬地动作时。

现场处理：首先要确定跟腱是否断裂。发生跟腱断裂时常常听到响声，并且产生剧烈疼痛和肢体活动障碍。让伤员俯卧在床上（或桌子上），将两脚伸出床沿，注意观察两个脚跟的位置，如果有一侧明显变长，则可能发生了跟腱断裂，这时必须尽快送医院处理；如果仅是一般性跟腱损伤，则可进行冷敷、加压包扎、限制运动和抬高伤肢，24~48 小时以后再进行理疗、按摩等。轻微损伤者在伤后 2~3 天可以开始进行简单活动，中度损伤者需要休息一周。在损伤后的训练过程中，要以不引起局部明显疼痛为宜，并控制好运动量。

改善措施：负重跳绳或负重提踵。经常进行这些练习对提高步法移动能力和预防损伤都很有帮助。对于轻度损伤者来说，运动时可戴护踝，严重者可在护踝外加弹性纱布包裹固定。

七、腰背肌损伤

原因及症状：这类损伤通常是由于准备活动不充分、用力突然造成肌肉拉伤所致。表现为运动中当腰部前屈或后伸用力时即出现疼痛，特别是后仰接头顶区球很吃力。

现场处理：急性期应卧床休息，应睡卧在加有约10厘米厚的棉垫的硬板床，取自由体位。损伤后的前1~2天，应该对伤痛处进行冷敷，一般是将毛巾浸入碎冰中，拧去多余的冰水并去除冰块，或使用装有冰水混合物的冰袋，敷于受伤部位，5分钟左右更换一次，间断治疗，时间可达20~30分钟。急性疼痛期可以口服止痛药、中药外敷或局部痛点药物封闭治疗等。如损伤严重应及时送往医院。

改善措施：间隔1米放置两个辅助椅，根据需要采用仰卧或俯卧姿势，将肩部和小腿支撑在辅助椅上，腹、背部悬空并与肩、腿部呈水平绷直，根据需要将重物放于腹部或腰部，静力支撑3~5分钟为一组，每次练习3~6组，间歇时进行腰部绕环、放松等伸展性练习。必要时可用腰带加以保护。

八、大腿肌肉拉伤

原因及症状：在肌肉局部负担过重、恢复不充分的情况下，再增加负荷，容易出现大腿肌肉拉伤。表现为运动中涉及大腿肌肉收缩或拉长时，该部分肌肉疼痛。在羽毛球运动中，最常见的是大腿后肌群和肘内侧肌群损伤，其次是大腿内收肌群、腰背肌、肩肘肌等损伤。

现场处理：肌纤维少量断裂或损伤较轻时，应及时停止运动，并立即冷敷，可用冰块冷敷或冷水冲洗15~20分钟以使小血管收缩，减少局部充血水肿，并加压包扎，然后在能使肌肉松弛的位置固定休息，切忌搓揉按摩及热敷。24小时后可进行按摩、外用止痛药、外敷中药、痛点药物注射、理疗等。疑有肌纤维大部分撕裂或完全断裂时，经加压包扎、固定伤肢等急救处理后，应尽快送往医院，及早做手术缝合。

改善措施：应增加大腿肌肉力量和伸展性练习，如肩负杠铃做前后交叉跨步练习，负重做左右脚向前、向后、向侧的提腿练习。运动时可用弹力绷带加以保护。做伸展练习时要循序渐进，不能操之过急，运动前一定要充分做好准备活动，注意气候变化和临场情况。

第四节 羽毛球运动损伤的预防

一、充分做好运动前的热身活动和运动后的放松整理活动

运动前不重视做准备活动，或准备活动做得不充分、不正确、不科学，是引起羽毛球运动损伤的重要原因之一。准备活动不充分，肌肉、内脏、神经系统机能不兴奋，肌肉中的血液供应不足，在这样的身体状态下进行运动，动作僵硬、不协调，极易造成运动损伤。特别是在寒冷的冬季，尤其要做好全面的准备活动。

准备活动的量与时间要控制好，强度要适当，以身体觉得发热、微微出汗为宜。可以先进行一般性的准备活动，如自上而下做各关节的活动，包括绕环、伸展、拉韧带、慢跑等活动；然后进行一些专项准备活动，如挥拍、起动步法及前、后、左、右各方向的步法跑动练习。

整理运动可做些拉长肌肉韧带的静力牵引练习和按摩放松活动，以促进肌肉的乳酸代谢，缓解肌肉和关节的酸疼感觉，消除疲劳，减少再次运动时由于肌肉未恢复而造成损伤的情况出现。方法是：将身体需要放松部位的肌肉群向相反的方向牵拉，待将肌肉牵拉到最大张力状态时，停留数秒后再放松。

二、避免局部过度负荷

羽毛球运动时，要求运动员的下肢前、后、左、右不停地满场反复多次奔跑，上肢无数次地大力挥臂击球，腰、腹、躯干则连接上下肢运动，运动中身体各部位负荷都很大。这期间如果运动量或运动内容的安排稍有不妥，某一局部肌肉负担过重，则会造成该局部肌肉的损伤。如果多次重复练习一个动作，机体会因无法承受而致伤，如多次进行大力杀球，肩部肌肉会因负担过重而致伤；多次进行上网步法练习，膝关节会因局部负担过重而致伤。为此，在运动中对上下肢负荷的安排要适当，密度大与密度小的内容要交替进行，并留意运动后身体各部位的反应，如感到某个局部负担过重，则应立即停止该部位的练习，切不可使身体某一局部的负荷过大。

三、以合理准确的姿势击球

运动中技术动作不规范，不符合人体的生理特点，也是造成运动损伤的原因。如击球时上肢动作僵硬、用力不合理等，就容易造成肩关节受伤；又如击球时手腕未以前臂、上臂内外旋带动发力，只用手腕屈伸发力，就极易受伤。所以击球的技术非常重要，用合理准确的姿势，不但运动起来省劲、舒服、漂亮，而且不易受伤。

四、加强力量素质的练习

力量素质是一切运动的基础，力量素质好，特别是小肌肉群力量强，能有效预防运动损伤；相反，肌肉力量差、伸展性不好是致伤的一大诱因。对于运动时易出现损伤，力量又相对薄弱的身体部位，应注意提高其机能和承受运动负荷的能力，特别是注意改善其肌肉力量和肌肉的伸展性，这是预防运动损伤的一种积极手段。

五、运动时保持良好的身体状态

身体疲劳时，各部位运动机能下降，易出现反应迟钝、动作不协调、运动能力下降等反应，此时如仍勉强参加运动，极易出现损伤。因此，在羽毛球运动前和运动过程中，应随时注意身体各部位肌肉的反应，有肌肉发硬、酸痛或有"不愿意运动"的感觉时，不要再勉强进行练习。

六、注意运动环境和穿戴

在过滑的场地上进行羽毛球运动，下肢易拉伤；在过硬或不平的地面上运动，如水泥地、砖头地等，膝、踝关节易损伤。另外，鞋袜不合适，如鞋子过大或过小、鞋底过硬、袜子太薄或球拍过重等都有可能造成运动损伤。

第五节 运动损伤后的康复治疗与训练

一、按摩疗法

按摩是医学中最古老的治疗方法之一，也是传统医学中必不可少的组成部分。运动按摩是按摩手法和技能在体育康复训练中的具体应用，由于其具有方法简便、易于掌握、经济实惠、不受设备条件的限制、安全有效等特点，被人们广泛地接受和应用。按摩疗法用于羽毛球运动各种损伤的治疗和康复中，如扭伤、劳损、骨折、力学性肌痛、损伤后组织挛缩、紧张性筋膜疼痛综合征、伤后肌水肿等，都有较好的效果。

二、物理疗法

应用各种物理因素作用于人体，以防治疾病的方法称为物理疗法，简称理疗。理疗已成为康复治疗的重要内容，在各种运动损伤中被广泛地应用。物理因素可通过对局部的直接作用和对神经、体液的间接作用引起人体反应，调节血液循环，改善营养代谢，提高免疫功能，调节神经系统功能，促进组织修复，因而能消除致病因素，改善病理过程，达到康复目的。理疗可分为人工物理因素疗法和自然物理因素疗法两大类。

（一）人工物理因素疗法

① 电疗法，包括静电疗法、直流电疗法、低频电疗法、中频电疗法、高频电疗法、超高频电疗法、特高频电疗法、离子导入疗法、电离空气疗法、电水浴疗法、射频疗法等。

② 磁疗法，包括静磁场疗法、脉冲磁场疗法、低频磁场疗法、中频电磁场疗法、高频电磁场疗法等。

③ 光疗法，包括红外线疗法、可见光疗法、紫外线疗法、激光疗法等。

此外，还有超声波疗法、水疗法、传导热疗法、冷冻疗法、运动疗法、拔罐疗法、电子生物反馈疗法等。

(二) 自然物理因素疗法

该疗法包括气候、空气、日光、海水疗法等。

三、其他疗法

针灸、局部痛点注射、中草药疗法、手术等也是治疗运动损伤的有效方法。如果按摩和中药治疗效果不佳，应立即到医院诊断治疗，以利早日康复。

四、康复功能训练

康复功能训练是指损伤后进行有利于恢复或改善功能的身体活动。除严重的损伤需要休息治疗外，一般的损伤不必完全停止身体练习。适当的、科学的身体练习对于损伤的迅速愈合和促进功能的恢复有着积极的作用。

(一) 康复训练的目的

① 保持良好的身体状态。通过康复训练，可以预防肌肉萎缩和挛缩，恢复肢体的运动能力，维持良好的心肺功能，使其伤愈后便能投入正常的体育锻炼。

② 防止停训综合征。个体在长期的体育锻炼中建立起来的各种条件反射性联系，一旦突然停止锻炼便可能遭到破坏，进而产生严重的机能紊乱，如神经衰弱、胃扩张、胃肠道机能紊乱等。

③ 伤后进行适当的康复性锻炼，可加强关节的稳定性，改善伤部组织的代谢与营养状况，加速损伤的愈合，促进功能、形态和结构的统一。

④ 通过伤后的康复训练，可以使机体能量代谢趋于平衡，防止体重增加，缩短伤愈后恢复锻炼所需的时间。

(二) 康复训练的原则

① 正确诊断。科学合理的康复计划必须建立在正确全面的诊断基础上，错误或不完整的诊断会延迟、阻碍损伤的康复进程。如运动员腰椎骨折常常合并椎间盘突出，推拿时就不宜强力侧扳。如果同时合并有滑椎，做背肌力量练习时就不宜伸。

② 区别对待。根据不同的年龄、病情、机能状态选择运动手段、预备姿势和运动量，以发展和改善肌肉的功能（力量、速度、耐力）及关节活动度。

③ 伤后的康复训练以不加重损伤、不影响损伤的愈合为前提。应尽量不停止全身的和局部的活动。而且，伤部肌肉的锻炼开始得越早越好。

④ 遵循全面训练、循序渐进、运动量适宜的原则。在损伤愈合过程中，康复动

作的幅度、频率、持续时间、负荷量等都应逐渐增加，否则会加重损伤或延缓损伤的愈合，甚至会使损伤久治不愈而成陈旧性损伤。康复训练应注意将局部专门练习与全面身体活动相结合。在损伤初期，由于局部肿胀充血、疼痛和功能障碍等，应以全面身体活动为主，在不加重局部肿胀和疼痛的前提下，进行适当的局部活动。随着时间的推移，损伤逐渐好转或趋向愈合，局部活动的量和时间可逐渐增加。

（三）常见羽毛球康复功能训练

1. 肘臂部损伤的功能训练

（1）肱二头肌主动静态拉伸训练。

动作功能：牵拉肱二头肌。

动作要点：

被牵拉者采用站姿，头部保持中立位，挺胸收腹，背部挺直，左侧手臂外展抬高至与地面平行，左手掌心向前抵住墙面，身体向右侧缓慢转身，在远固定状态下牵拉肱二头肌，当出现牵拉感时保持 30 秒后还原。在整个动作过程中，肘关节自然伸直，勿超伸。

（2）肱三头肌主动静态拉伸训练。

动作功能：牵拉肱三头肌。

动作要点：

① 被牵拉者采用站姿，头部保持中立位，挺胸收腹，背部挺直，抬左手臂至肘部靠近左耳，左手靠近左侧肩胛骨。

② 右手抓住左臂肘部，缓慢向头后方向拉，力量逐渐增加，直至左侧肱三头肌有中等强度的牵拉感，保持 30 秒后缓慢还原。

（3）单臂俯撑。

动作功能：提升身体各关节的稳定性，提高肌耐力。

动作要点：

① 练习者双手俯撑于地面，保持肘关节伸直，头部保持中立位，下颚微收，肩胛骨贴实胸廓避免塌肩，背部挺直，双脚与肩同宽作为起始姿势。

② 右手缓慢抬高至左肩，固定四肢位置且保持躯干稳定，持续 30~45 秒。

2. 腕部损伤的功能训练

（1）桡侧伸肌主动静态拉伸训练。

动作功能：牵拉桡侧伸肌。

动作要点：以左侧为例。

① 被牵拉者采用站姿，头部保持中立位，挺胸收腹，背部挺直，双脚与肩同宽，左侧手臂下垂，肘关节完全伸直。

② 左侧手掌向上待腕关节屈至极限后，右手手掌托住左手背部并向上缓慢发

力，当感觉到桡侧伸肌有中等牵拉感时保持 30 秒后缓慢还原。

（2）尺侧屈肌主动静态拉伸训练。

动作功能：牵拉尺侧屈肌。

动作要点：以左侧为例。

① 被牵拉者采用站姿，头部保持中立位，挺胸收腹，背部挺直，双脚与肩同宽，左侧手臂下垂，肘关节完全伸直。

② 左侧手掌向下待腕关节伸至极限后，右手手掌托住左手手掌部并向上缓慢发力，当感觉到尺侧屈肌有中等强度的牵拉感时保持 30 秒后缓慢还原。

3. 大腿部的功能训练

（1）腘绳肌的伸展训练。

动作功能：牵拉腘绳肌。

动作要点：

① 被牵拉者仰卧于物理治疗床，左腿抬高。

② 牵拉者站立于被牵拉者左侧，左手固定其骨盆，右手托住被牵拉者左侧小腿，缓慢向上抬，右腿抬起，用脚背固定被牵拉者右腿。

③ 当被牵拉者腘绳肌有中等强度的牵拉感时保持 30 秒后缓慢还原。

（2）腓肠肌主动静态拉伸训练。

动作功能：牵拉腓肠肌。

动作要点：

① 练习者单腿利用前脚掌站立于台阶边缘，身体保持直立，挺胸收腹，手扶固定物保持平衡。

② 腓肠肌缓慢放松，使踝关节背屈，当腓肠肌感到中等强度的拉伸感时保持 30 秒后还原。

（3）膝关节稳定性训练。

动作功能：提升膝关节周围骨骼肌的肌耐力，增加膝关节的稳定性。

动作要点：

① 练习者背靠墙壁，双脚距离墙壁保持 30 厘米，双脚与肩同宽。

② 大腿控制身体缓慢下落，使大腿与地面平行，小腿保持与地面垂直，坚持 30 秒后还原。

第七章 羽毛球竞赛与组织

第一节 羽毛球比赛规则

一、定义

运动员：参加羽毛球比赛的人。

一场比赛：由双方各一名或两名运动员进行的比赛，是羽毛球比赛决定胜负的基本单位。

单打：双方各一名运动员进行的比赛。

双打：双方各两名运动员进行的比赛。

发球方：有发球权的一方。

接发球方：发球方的对方。

回合：自开始发球至"死球"前的一次或多次连续对击。

击：运动员试图击球的一次挥拍动作。

二、场地和设备

羽毛球场地如图7-1所示，从场地地面起至球网中央顶部应高1.524米，双打边线处网高1.55米。球网上下宽760毫米，全长至少6.10米。

三、挑边

比赛开始前应挑边。赢的一方将在以下方面做出选择：① 先发球或先接发球；② 在一个场区或另一个场区开始比赛。输的一方，在余下的一项中选择。

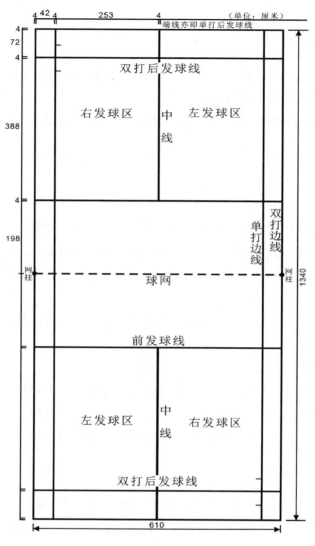

图 7-1 羽毛球场地

四、计分方法

① 除非另有规定,一场比赛应以三局两胜定胜负。

② 先得 21 分的一方胜一局。

③ 一方"违例"或球触及该方场区内的地面成"死球",则另一方胜这一回合并得 1 分。

④ 20 平后,领先 2 分的一方胜该局。

⑤ 29 平后,先得 30 分的一方胜该局。

⑥ 一局的胜方在下一局首先发球。

五、交换场区

以下情况，运动员应交换场区：第一局结束；第二局结束（如果有第三局）；在第三局比赛中，一方先得 11 分时。

如果运动员未按规定交换场区，一经发现，在"死球"后立即交换，已得比分有效。

六、发球

合法发球规定如下：

① 一旦发球员和接发球员做好准备，任何一方不得延误发球。

② 发球员的球拍头向后摆动一旦停止，任何对发球开始的迟延都是延误。

③ 发球员和接发球员应站在斜对角的发球区界线以内，脚不得触及发球区和接发球区的界线。

④ 从发球开始至发球结束，发球员和接发球员的两脚都必须有一部分与场地的地面接触，不得移动。

⑤ 发球员的球拍应首先击中球托。

⑥ 发球员的球拍击中球的瞬间，整个球应低于距场地地面高度 1.15 米。

⑦ 自发球开始，发球员挥拍必须连贯向前，直至将球发出。

⑧ 发出的球应向上飞行过网，如果未被拦截，球应落在规定的接发球区内（即落在界线上或界线内）。

⑨ 发球员发球时，应击中球。

⑩ 一旦运动员站好位置准备发球，发球员的球拍头开始向前挥动，即为发球开始。

⑪ 一旦发球开始，发球员的球拍击中或未能击中球，均为发球结束。

⑫ 发球员应在接发球员准备好后才能发球，如果接发球员已试图接发球，即视为已做好准备。

⑬ 双打比赛发球时，发球员和接发球员的同伴应在各自的场区内，其站位不限，但不得阻挡对方发球员或接发球员的视线。

七、单打

发球区和接发球区：一局中，发球员的分数为 0 或双数时，双方运动员均应在各自的右发球区发球或接发球；一局中，发球员的分数为单数时，双方运动员均应在各自的左发球区发球或接发球。

击球顺序和位置：一回合中，球应由发球员和接发球员交替从各自场区的任何位置击出，直至成"死球"为止。

得分和发球：发球员胜一回合则得 1 分，随后发球员再从另一发球区发球；接发球员胜一回合则得 1 分，随后接发球员成为新发球员。

八、双打

发球区和接发球区：一局中，发球方的分数为 0 或双数时，发球方均应从右发球区发球；一局中，发球方的分数为单数时，发球方均应从左发球区发球；接发球方按其上次发球时的位置站位；接发球员应是站在发球员斜对角发球区的运动员；发球方每得 1 分，原发球员则变换发球区再发球；球都应从与发球方得分相对应的发球区发出。双打发球站位如表 7-1 所示。

表 7-1 双打发球站位

过程及解释	比分		发球区	发球员和接发球员	赢球方
	0—0	C D / B A	从右发球区发球（因发球方的分数为双数）	A 发球，C 接球（A 和 C 分别为首先发球员和首先接发球员）	A 和 B
A 和 B 得 1 分。A 和 B 交换发球区。A 从左发球区再次发球。C 和 D 在原发球区接球	1—0	C D / A B	从左发球区发球（因发球方的分数为单数）	A 发球，D 接球	C 和 D
C 和 D 得 1 分，并获得发球权。两人均不改变各自原发球区	1—1	C D / A B	从左发球区发球（因发球方的分数为单数）	D 发球，A 接球	A 和 B
A 和 B 得 1 分，并获得发球权。两人均不改变各自原发球区	2—1	C D / A B	从右发球区发球（因发球方的分数为双数）	B 发球，C 接球	C 和 D
C 和 D 得 1 分，并获得发球权。两人均不改变各自原发球区	2—2	C D / A B	从右发球区发球（因发球方的分数为双数）	C 发球，B 接球	C 和 D
C 和 D 得 1 分。C 和 D 交换发球区。C 从左发球区发球。A 和 B 不改变其各自原发球区	3—2	D C / A B	从左发球区发球（因发球方的分数为单数）	C 发球，A 接球	A 和 B
A 和 B 得 1 分，并获得发球权。两人均不改变各自原发球区	3—3	D C / A B	从左发球区发球（因发球方的分数为单数）	A 发球，C 接球	A 和 B
A 和 B 得 1 分。A 和 B 交换发球区，A 从右发球区再次发球。C 和 D 不改变其各自原发球区	4—3	D C / B A	从右发球区发球（因发球方的分数为双数）	A 发球，D 接球	C 和 D

击球顺序和位置：每一回合发球被回击后，由发球方的任何一人和接发球方的任何一人，交替在各自场区的任何位置击球，如此往返直至"死球"。

得分和发球：发球方胜一回合则得 1 分，随后发球员继续发球；接发球方胜一回合则得 1 分，随后接发球方成为新发球方。

发球顺序：每局比赛的发球权必须按如下顺序传递，先由首先发球员从右发球区发球，然后由首先接发球员的同伴从左发球区发球，再由首先发球员的同伴发球，接着是首先接发球员发球，再接着是首先发球员发球，依此传递。

运动员在比赛中不应有发球、接发球顺序错误或在一局比赛中连续两次接发球。

一局胜方的任一运动员可在下一局先发球；一局负方的任一运动员可在下一局先接发球。

九、发球区错误

以下情况为发球区错误：
① 发球或接发球顺序错误。
② 在错误的发球区发球或接发球。
③ 如果发现发球区错误，应在"死球"后予以纠正，已得比分有效。

十、违例

以下情况均属"违例"：
① 不合法发球。
② 球发出后，停在网顶、过网后挂在网上、被接发球员的同伴击中。
③ 比赛进行中，球落在场地界线外（即未落在界线上或界线内）；球未从网上越过；球触及天花板或四周墙壁，触及运动员的身体或衣服，触及场地外其他物体或人；球被击时停滞在球拍上，紧接着被拖带抛出；球被同一运动员两次挥拍连续击中，但一次击球动作中球被拍框和拍弦面击中不属"违例"；球被同一方两名运动员连续击中；球触及运动员球拍，而未飞向对方场区。
④ 比赛进行中，球拍、身体或衣服触及球网或球网的支撑物；球拍或身体从网上侵入对方场区（击球时，球拍与球的接触点在击球者网这一方，而后球拍随球过网的情况除外）；球拍或身体从网下侵入对方场区，妨碍对方或分散对方的注意力；妨碍对方，即阻挡对方随球过网的合法击球；故意分散对方注意力的任何举动，如喊叫、做手势等。

十一、重发球

以下情况为"重发球":

① 发球员在接发球员未做好准备时发球。
② 发球过程中,发球员和接发球员都被判违例。
③ 发出的球被回击后,停在网顶,球过网后挂在网上。
④ 比赛进行中,球托与球的其他部分完全分离。
⑤ 裁判员认为比赛被干扰或教练员干扰了对方运动员的比赛。
⑥ 司线员未看清,裁判员也不能做出裁决时。
⑦ 其他意外情况。

重发球时,该次发球无效,原发球员重新发球。

十二、死球

以下情况为"死球":

① 球撞网或网柱后,开始向击球者网这一方的地面落下。
② 球触及地面。
③ 宣报了"违例"或"重发球"。

第二节 裁判员工作的基本要求

一、临场主裁

(1) 通晓羽毛球比赛规则。
(2) 宣报要迅速而有权威,如有错误应承认,并道歉更正。
(3) 如果发球裁判员迅速且让你信服地指出你所犯的错误(如错误执行运动员的挑战、未注意到司线员的宣判、比分错误等),则更改裁决。
(4) 当场上出现自己不确定是否能处理的问题时,应召唤裁判长。
(5) 当发球裁判员向你传递重要信息时,要认真倾听。
(6) 所有的宣判和报分,都必须响亮、清晰,使运动员和观众都能听清。

（7）绝不可询问观众或受他们评论的影响。

（8）加强与其他临场裁判的配合（如保持与发球裁判员的眼神交流，慎重地接受司线员的裁决），与他们建立良好的工作关系。

二、司线员

（1）司线员应坐在椅子上，对准自己所负责的线，最好面向裁判员。

（2）司线员对所负责的线负全责。

（3）如球落在界外，无论多远均应立即大声、清晰地宣报"界外"，使运动员和观众都能听清，同时两臂平展，使裁判员能看清，并看向裁判员。

（4）如球落在界内，不宜报，只用右手指向界线，并看向裁判员。

（5）如未看清，应立即用双手盖住眼睛，向裁判员示意。

（6）在球触地前，不要宣报或做手势。

（7）只负责宣判球的落点，不要预期裁判员对违例的裁决。例如，球在落地前触及运动员、触及衣服或球拍（不管有多明显）。

三、裁判员手势

（一）发球裁判

发球员和接发球员应站在斜对角的发球区内，脚不得触及发球区和接发球区的界线。从发球开始，至发球结束前，发球员和接发球员的两脚都必须有一部分与场地的地面接触，不得移动，否则为"违例"（图7-3）。

发球员的球拍，应首先击中球托，否则为"违例"（图7-4）。

图7-3　违例手势1　　　图7-4　违例手势2

发球员的球拍击中球的瞬间,整个球应低于距场地地面高度 1.15 米,否则为"违例"(图 7-5)。

自发球开始,发球员挥拍必须连贯向前,直至将球发出,否则为"违例"(图 7-6)。

图 7-5 违例手势 3

图 7-6 违例手势 4

(二)司线员

(1)球落在界外时,司线员的手势如图 7-7 所示。

(2)球落在界内时,司线员的手势如图 7-8 所示。

(3)未看清时,司线员的手势如图 7-9 所示。

图 7-7 球落在界外

图 7-8 球落在界内

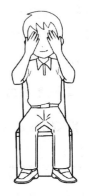
图 7-9 未看清

第三节 比赛组织与编排方法

一、比赛项目

（一）团体赛

团体赛主要分男子团体、女子团体、男女混合团体。

团体比赛常用的两种方式：

三场制。每队2~4人参加比赛。两名单打、一对双打，共进行三场比赛。比赛场序为单、双、单或单、单、双。采用三场两胜制，亦可赛完三场后以获胜场数多者为胜队。

五场制。每队4~9人参加比赛。三名单打、两对双打，混合团体赛为两名单打、三对双打（可由单打运动员兼项），共进行五场比赛。比赛场序为单、单、双、双、单，单、单、单、双、双，或单、双、单、双、单。混合团体比赛场序为男单、女单、男双、女双、混双。裁判长可根据运动员兼项情况调整场序。采用五场三胜制，亦可赛完五场后以获胜场数多者为胜队。在一次团体赛中，一名运动员不得在同一项目出场两次。

羽毛球团体赛出场名单表见本章附表1，羽毛球团体赛记分表见本章附表2。

（二）单项比赛

单项比赛分为男子单打、女子单打、男子双打、女子双打、混合双打。

二、比赛方法

一般采用单淘汰赛和单循环赛两种比赛方法。有时也可以综合这两种比赛方法的优点，采用阶段赛方法，如第一阶段分组循环赛、第二阶段淘汰赛。

（一）单循环赛

参加比赛的运动员（对、队）之间轮流比赛一次，为单循环赛。

循环赛由于运动员（对、队）之间比赛的机会多，有利于相互学习，共同提高，能更为合理地赛出名次。但循环赛场数多，比赛时间长，使用场地数量也多，因此循环赛的人数（对、队）不宜过多。在人数（对、队）过多时，可采用分组循环赛的办法。采用分组循环赛时，一般以4~6人（对、队）为一组比较合适。

1. 单循环赛轮数和场数计算

在循环赛中，人（对、队）数为N，每一运动员（对、队）出场比赛一次，称为一轮。

当人（对、队）数为偶数时，轮数=$N-1$。

当人（对、队）数为奇数时，轮数=N。

场数=$N(N-1)/2$。

2. 顺序的确定

单循环赛比赛顺序确定方法如下：

1号位固定逆时针轮转法：1号位固定，其他位逆时针轮转一位，当人（对、队）数为奇数时，用"0"补成偶数，然后按"1号位固定逆时针轮转法"排出各轮比赛顺序。其中遇到"0"者为轮空。

例如，5人（对、队）参加比赛的轮转法如下：

第一轮	第二轮	第三轮	第四轮	第五轮
1—0	1—5	1—4	1—3	1—2
2—5	0—4	5—3	4—2	3—0
3—4	2—3	0—2	5—0	4—5

3. 名次确定

按获胜场数定名次。两名（对）运动员获胜场数相同，则两者间比赛的胜者名次列前。三名（对）或三名（对）以上运动员获胜场数相同，则按在该组比赛的净胜局数定名次。计算净胜局数后，如还剩两名（对）运动员净胜局数相同，则两者间比赛的胜者名次列前。三名（对）或三名（对）以上运动员获胜场数相同，净胜局数亦相同，则按在该组比赛的净胜分数定名次，计算净胜分数后，如还剩两名（对）运动员净胜分数相同，则两者间比赛的胜者名次列前。如还有三名（对）或三名（对）以上运动员净胜分数相同，则以抽签定名次。

团体赛按以上方法，依胜次、净胜场数、净胜局数、净胜分数顺序计算成绩，以至抽签定名次。

4. 分组循环赛与种子的分布

在参加人（对、队）数较多的情况下，为了不过多地增加比赛的场数和延长比赛的时间，又能排定各队的名次，常采用分组循环赛的办法。组数确定后，可用抽签的方法进行分组，也可采用蛇形排列方法进行分组。如以团体赛16个队分成四组为例，则按以下方法分组。

第一组：1、8、9、16。

第二组：2、7、10、15。
第三组：3、6、11、14。
第四组：4、5、12、13。

上述数字是各队的顺序号，它是按照各队实力强弱排列的。也就是说，数字越小，实力越强。

用抽签方法进行分组时，如仍以上述 16 个队为例，则须先确定 4 个或 8 个种子。把种子顺序排列出来，然后按上述蛇形排列方法或抽签方法进行分组。最后非种子队用抽签方法抽进各组。

（二）单淘汰赛

单淘汰赛由于比赛一轮淘汰 1/2 的运动员（对、队），可使比赛的场数相对减少，所以在时间短、场地少的情况下，采用单淘汰赛能接受较多的运动员（对、队）参加比赛，并可使比赛逐步走向高潮，一轮比一轮紧张激烈。从体育竞赛的特点来说，淘汰赛是一种比较好的比赛方法。但由于负一场就被淘汰，所以大部分运动员或运动队（特别是实力比较弱的）参加比赛的机会较少，所产生的名次也不尽合理。

1. 轮数和场数

单淘汰赛的轮数等于或大于最接近运动员人（对、队）数的 2 的乘方数的指数，是 2 的几次方即为几轮。

场数=人（对、队）数-1。

2. 轮空位置的分布

当参加比赛的人（对、队）数为 4、8、16、32、64、128 或较大的 2 的乘方数时，他们应按比赛顺序两两相遇进行比赛。图 7-10 是 8 个队比赛示例。

图 7-10　8 个队比赛示例

当参加比赛的人（对、队）数不是2的乘方数时，小于轮数的队，第一轮应有轮空。图7-11是7个队比赛示例。

图7-11 7个队比赛示例

当参加比赛的人（对、队）数不是2的乘方数时，大于轮数的队，第一轮应有抢号赛。图7-12是9个队比赛示例。

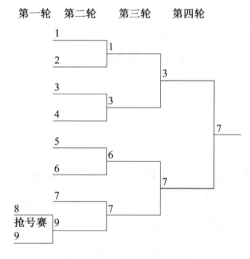

图7-12 9个队比赛示例

（三）附加赛

单淘汰赛只能产生第一、二名，如果比赛需要排出第一、二名以后的若干名次，需要另外再增加几场比赛，增加的这几场比赛称为附加赛。附加赛的比赛如图7-13中的虚线部分所示。

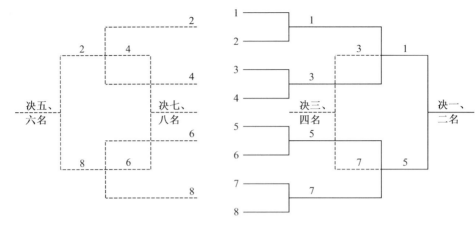

图 7-13 附加赛

（四）混合制比赛

在羽毛球比赛中，为使各参赛队（人）有较多的比赛机会，又不使整个赛程过长，通常将循环制和淘汰制混合使用。

第一阶段比赛一般采用分组循环制，第二阶段一般采用淘汰制。在第一阶段比赛结果出来后，按竞赛规程要求进入第二阶段的比赛位置有两种选择：一是固定位置，二是抽签进位。

例如，16 个队比赛，第一阶段分 4 个小组进行单循环赛（每组 4 个队），第二阶段每小组前两名（共 8 个队）进行单淘汰赛，决出冠军、亚军，或打附加赛决出 3~8 名。

（五）计分表填写方法（图 7-14）

羽毛球比赛记分有见本章附表 3。

裁判员记分表采用在每一回合结束后记下分数，并将双方分数错开（0 比 0 时除外）的展开式记分方法（即每局比分按实际得分情况一直往下记录，一排双行小格不够记完一局比分，则用两排，直至该局比分记录完整为止。下一局比赛的比分另起一排开始，以同样方式记录）。比分分别记录在一排双行小格内（比赛双方各一行），一对垂直小格只记录一个分数。每一对垂直小格代表一个回合。该方法有助于判定哪一方胜该回合，并持有发球权（因为除该局的开始外，发球方的分数总是在前，即总在最靠右的格子里）。

比分必须以清楚准确的数字记录。注意：记分表是裁判员在未记清场上确切情况而出现"慌乱"时的辅助工具，因此记分表必须尽可能清晰，以减少错误。同时也是在出现申诉时帮助裁判长做出决定的辅助手段。

单打:

甲	S	0	1				2	3	4			5	6			7	8	9
乙				1	2	3				4	5	6			7	8		9

双打:

甲方1							2	3	4							7	8	
甲方2	S	0	1									5	6					9
乙方1				1	2	3										7	8	
乙方2	R	0								4	5	6						9

注：S 表示发球员，R 表示接发球员。

图 7-14　计分表填写方法

第四节　羽毛球竞赛组织程序

成功的羽毛球比赛，组织工作是关键。组织工作一般分为三个阶段：一是前期筹备，二是竞赛工作，三是赛后收尾。

（一）前期筹备

羽毛球比赛往往受财力、时间、场地所限，所以首先要根据竞赛经费预测比赛规模，确定具体比赛项目（如果条件许可，也可以先确定竞赛规模、比赛项目，以此进行经费预算），然后成立竞赛筹备机构，制定并发放竞赛规程。以下为前期筹备工作的重点。

1. 竞赛规程的制定

竞赛规程是比赛的纲领性文件，是比赛的法规，是竞赛工作的依据。竞赛规程的修改、变动和解释等权利都属于规程的制定者，具体竞赛都是围绕竞赛规程而进行的。

竞赛规程涉及的具体内容有：

① 比赛的名称（要能体现该比赛的性质、年份或届数）。

② 引导词。

③ 主办单位（名称）。

④ 承办单位（名称）。

⑤ 赞助单位（名称）。

⑥ 比赛日期及地点。

⑦ 比赛项目及级别。

⑧ 参赛资格。

⑨ 比赛办法（赛制及记分方法）。

⑩ 竞赛补充规定或通知（业余比赛可在规程中说明。业余比赛由于参赛运动员分布较零散，不容易提前集中，故可在规程中事先写明一些具体规定或通知。例如，本次比赛的具体时间，秩序册的领取，比赛时对弃权、连场或伤病的规定等）。

⑪ 录取名次及奖励办法。

⑫ 裁判员。

⑬ 报名日期（报名开始日期和截止日期）、地点及联系人、联系方法。

2. 秩序册的内容

① 封面。

② 竞赛规程。

③ 有关竞赛的通知、规定（竞赛补充规定）。

④ 竞赛委员会及工作机构名单。

⑤ 仲裁委员会名单。

⑥ 裁判员名单。

⑦ 代表队名单。

⑧ 大会日程安排表。

⑨ 竞赛秩序表。

⑩ 比赛场地示意图。

（二）竞赛工作

① 竞赛中裁判组工作内容：根据规程组织临场比赛裁判工作，使比赛公正、公平、顺利进行。

② 竞赛中编排组织工作内容：记录和公布成绩，并配发到对应的裁判组，编辑成绩册。

③ 竞赛中裁判保障工作内容：确保场地、器材和设备不出问题，做好安全保卫工作，设置医疗站。

（三）赛后收尾

① 印发成绩册。

② 整理场地、器材和设备。

③ 财务清算。

附表1　羽毛球团体赛出场名单表

队名：

阶段　　　　组别　　　　日期　　　　时间　　　　场号

顺序	项目	参赛队员
1		
2		
3		
4		
5		

教练员签名　　　　　　　裁判长签名

附表2　羽毛球团体赛记分表

队名：

阶段　　　　组别　　　　日期　　　　时间　　　　场号

	项目	队	队	每局比分			每场结果	裁判员签名
				1	2	3		
1								
2								
3								
4								
5								

比赛结果　　　　获胜队　　　　　　裁判长签字

附表3 羽毛球比赛记分表

项　目														
场　地														
比赛日期														

开始时间　　　
结束时间　　　
用　　时　　　
裁 判 员　　　
其他裁判　　　

对

比分：＿＿＿＿　　胜　者：＿＿＿＿　　裁判员：＿＿＿＿　　裁判长：＿＿＿＿

参考文献

[1] 肖杰．羽毛球运动理论与实践［M］．北京：人民体育出版社，2005．

[2] 陆淳．羽毛球技术训练与战术运用［M］．北京：人民体育出版社，2006．

[3] 郑超．羽毛球教程［M］．北京：北京交通大学出版社，2010．

[4] 曹犇，许庆发．羽毛球［M］．桂林：广西师范大学出版社，2014．

[5] 胡亦海．竞技运动训练理论与方法［M］．武汉：湖北人民出版社，2005．

[6] 中国羽毛球协会．羽毛球竞赛规则（2021）［M］．北京：人民体育出版社，2021．

[7] 王国祥，王虎．体育运动伤害防护［M］．苏州：苏州大学出版社，2017．

[8] 平井博史，渡边哲义．通过游戏提高羽毛球技术练习100例：羽毛球协调性训练［M］．金晓平，赵束慧，译．北京：人民体育出版社，2009．

[9] 国家体育总局青少年体育司，国家体育总局乒乓球羽毛球运动管理中心．中国青少年羽毛球训练教学大纲［M］．北京：北京体育大学出版社，2012．

[10] 田麦久，刘大庆．运动训练学［M］．北京：人民体育出版社，2012．

[11] 王庆贤，东芬．大学体育教程［M］．苏州：苏州大学出版社，2018．

[12] 蔡锡元，李淑芳．体育游戏［M］．北京：人民体育出版社，2001．